Janete Clair

Artur Xexéo

Janete Clair

A USINEIRA DE SONHOS

Relume Dumará

Direitos cedidos para esta edição à
Editora Relume Ltda.
Rua Nova Jerusalém, 345 – Bonsucesso
CEP 21042-235 – Rio de Janeiro, RJ
Tel. (21)2564-6869 – Fax (21)2560-1183
www.relumedumara.com.br

A Relume Dumará é uma empresa Ediouro Publicações

Revisão
Argemiro de Figueiredo

Editoração
Dilmo Milheiros

Capa
Simone Villas-Boas
Foto: Arquivo Agência
O Globo (02/05/1974)

CIP-Brasil. Catalogação-na-fonte.
Sindicato Nacional dos Editores de Livros, RJ.

X29j Xexéo, Arthur
Janete Clair : a usineira de sonhos / Arthur Xexéo – Rio de Janeiro : Relume, 2005
(Perfis ; 2)

ISBN 85-7316-407-7

1. Clair, Janete, 1925-1983. 2. Dramaturgas brasileiras – Biografia. I. Título. II. Série.

05-1480 CDD 928.699
CDU 929:821.134.3(81)

Para Arthur, Renata,
Ricardo e Tatiana,
os netos de Janete

Agradecimentos

Agência JB, Alfredo Dias Gomes e Neusa Caribé, Anice Emmer, Arquivo da Rádio Nacional, Denise Emmer, Dias Gomes, Departamento de Pesquisa do *Jornal do Brasil*, Edwin Luisi, Fábio Sabag, Léa Penteado, Leonardo Villar, Maninha Cerrone, Moacir Deriquem, Mônica Soares, Museu da Imagem e do Som, Paulo Severo, Rosa Nepomuceno, Rose Esquenazi e Zuenir Ventura.

Sumário

O homem que deve morrer

Rio de Janeiro, 8 de julho de 1978. A previsão meteorológica para aquele sábado garantia tempo bom com nebulosidade variável. Ia ter mormaço. Os termômetros oscilavam entre 17,4 e 26,6 graus centígrados. Em outras palavras, como acontece sempre no inverno carioca, deu praia. E não faltou assunto para quem cultivava o hábito saudável de jogar conversa fora na orla do Rio. De madrugada, às 3h25, o porteiro do Museu de Arte Moderna percebeu as primeiras chamas de um incêndio que, 40 minutos depois, tinha destruído praticamente todo o acervo da casa, o que incluía duas telas de Picasso e duas de Miró. De quebra, foi consumido no fogo o período mais importante da obra do uruguaio Joaquim Torres Garcia, parte de uma exposição sobre arte latino-americana que estava em cartaz.

Quem deu uma olhadinha nos estragos foi o candidato da Arena à próxima eleição indireta à Presidência da República, o general João Baptista de Figueiredo. Em companhia do futuro governador da Bahia, Antônio Carlos Magalhães, ele passou no MAM, no início da manhã, a caminho do aeroporto, encerrando uma visita de três dias à cidade. A própria praia também fornecia material para impedir qualquer falta de assunto na areia. A Prefeitura começava a fiscalizar as novas normas de comportamento à beira mar: o frescobol estava proibido, o surfe passava a ser restrito às águas do Arpoador e futebol na areia só para quem se dispusesse a jogar vestindo camisa. Peito nu estava vetado. Mas nem a tragédia do MAM, nem a previsível campanha do general, nem a exótica iniciativa da Prefeitura de impor uma ordem unida ao anárquico comportamento praiano alimentava a conversa daquela gente bronzeada. O papo era um só: quem matou Salomão Aiala?

Para aquela noite, entre 20h25 e 21h15, estava marcada a exibição pela Rede Globo do último capítulo de *O astro*, a novela de Janete Clair que há seis meses vinha prendendo a respiração do país. Mais um pouco e, enfim, os 10 milhões de espectadores que seguiam a novela das oito – era às 20h25, mas todo mundo continuava chamando de novela das oito – iam saber quem matou Salomão Aiala. As emissoras concorrentes nem tentaram competir. A Tupi programou, para o mesmo horário, mais um episódio de *Roda de fogo* – uma tentativa do novelista gaúcho Sérgio Jockyman de atualizar o drama shakesperiano do *Rei Lear*, com Eva Wilma e Cláudio Marzo – seguido da transmissão do já decadente concurso de Miss Brasil, daquela vez diretamente de Brasília. A Bandeirantes contra-atacou com um pouco de luta-livre em "Astros do ringue" e mais um tanto de socos e pontapés com a série americana *Cyborg*. O SBT, ainda iniciando sua escalada para a linha de frente dos campeões de audiência, não tinha nada mais poderoso para oferecer que um faroeste de segunda linha – *Um começo no deserto*, dentro da *Sessão bangue-bangue*.

Mesmo fora da programação de TV, a concorrência era desleal. A então jovem atriz americana Sissy Spacek estava passando o fim de semana na cidade em companhia da mãe. Levaram-na para jantar no Saint Honoré e a moça estranhou o restaurante vazio. A colunável Lurdes Catão estava chegando de Nova York. Ao contrário do que aconteceu em chegadas anteriores, não havia nenhuma festa marcada para aquela noite em que ela pudesse registrar sua "reentré" nas colunas sociais. Sucesso no Canecão, o espetáculo de Caetano Veloso e Maria Bethânia, saudado pelo ineditismo da apresentação num mesmo palco dos dois irmãos, viu pela primeira vez o borderô não anunciar casa lotada. E até os cinemas que apresentavam o campeão de bilheteria da temporada, *Os embalos de sábado à noite* (o filme que lançou John Travolta e a moda das discotecas), nunca tiveram uma sessão das oito tão pouco embalada.

Não era uma noite para se ler *Tia Júlia e o escrevinhador*, o romance de Mario Vargas Llosa que se esgotava nas livrarias. Nem para se consultar as curvas do biorritmo, o modismo que tinha sobrevivido ao final do verão. Nem mesmo para se reclamar dos 2.000 telefones mudos cujas linhas, há dois dias, tinham se rompido num dos buracos da aparentemente interminável obra do metrô carioca. Era até bom que os telefones não tocassem. Naquele sábado, a novela das oito exigia atenção total. Era dia de se saber quem matou Salomão Aiala.

Quem se arriscou a prestigiar outro tipo de programação se deu mal. O Teatro Municipal marcou, exatamente para às 21h, a noite de gala de *Otello*, de Verdi, dando continuidade à temporada de ópera que, naquele ano, já tinha apresentado *Tosca* e *Turandot*. O tenor argentino Liborio Simonella fazia o ciumento mouro de Veneza e a soprano egípcia Jeanette Pilou interpretava a infeliz Desdêmona. No último ensaio, a prima-dona já tinha dado a deixa para o que aconteceria na estréia. "Há muito amadorismo. Assim não é possível trabalhar", resmungou diante da confusão em cena. Mas nem ela imaginava o que estava para ocorrer. No final do primeiro ato, uma campainha soou mais alto que a orquestra para intimar algum contra-regra a fechar a cortina, interferindo na cena de amor entre Otello e Desdêmona. Um corte de luz no poço da orquestra interrompeu o segundo ato que, depois de recomeçado, teve falhas de iluminação no próprio palco. A não ser pela voz dos cantores – um era tenor; o outro, barítono –, ficava difícil saber quem era Otello, quem era Iago. Um desastre! Só podia ser a maldição de Salomão Aiala.

O astro foi a 14ª das 18 novelas que Janete Clair escreveu para a Globo. Não foi seu primeiro sucesso. Em 1968, houve *Sangue e areia*, uma adaptação do dramalhão espanhol de Vicente Blasco Ibañez, em que o ingênuo toureiro Juan Galhardo se divide entre o amor da boa moça Carmen Spinosa e o da sensual Doña Sol des Muire. No cinema, *Sangue e areia* teve três versões. Na mais famosa delas, em 1922, Rodolfo Valentino interpretou Juan. Em 1941, Doña Sol foi vivida por Rita Hayworth; em 89, por Sharon Stone. Na TV brasileira, Tarcísio Meira e Glória Menezes representaram o casal famoso. Com o romance proibido entre Sol e Juan, Janete lançou a novela das 8, uma tradição que funciona para os brasileiros mais ou menos como o chá das cinco para os ingleses. Em 1969, Janete escreveu *Rosa rebelde* e o sucesso foi tão grande que tirou do ar a principal atração da concorrente Tupi, o telejornal "Repórter Esso". O tradicional programa jornalístico deu o azar de ser transmitido no mesmo horário de uma novela de Janete Clair. Ainda em 69, com *Véu de noiva*, uma novela urbana sobre corridas de automóvel, ela mudou a estrutura narrativa do gênero, inventando as tramas paralelas. Até então, as novelas se limitavam a traçar a trajetória de um casal de protagonistas. Janete criou intrigas secundárias para agüentar o tranco de escrever um capítulo por dia durante seis meses e o recurso é usado até hoje.

Foi ainda com um trabalho seu – *Irmãos Coragem*, de 1970 – que a audiência das telenovelas teve um ganho significativo. Em meio à história de uma heroína com tripla personalidade (era uma novela, ora!), ela inventou um faroeste com direito a diamante roubado e muito tiroteio, conquistando, para sempre, a adesão do público masculino ao gênero. Mas com *O astro*, Janete Clair deixava de ser apenas uma bem sucedida autora de novelas, virava fenômeno de comunicação de massas e entrava, definitivamente, para a história da televisão brasileira.

Parecia não haver no país uma só alma que não estivesse movida pela curiosidade de saber quem matou Salomão Aiala. Quinze dias antes daquele sábado, a classe artística comemorou em Brasília a assinatura da lei que regulamentava a profissão de ator. No meio da festa, Daniel Filho, o diretor de *O astro*, foi apresentado ao presidente Ernesto Geisel. O general não deixou escapar a oportunidade. Em meio aos cumprimentos, disparou: "Daniel, diga uma coisa, quem matou Salomão Aiala?" Numa das poucas vezes em que esteve identificado com a população, o presidente tentou conhecer de antemão o segredo que todo o país queria desvendar. Mas o segredo foi mantido.

Para quem conhecia Janete, não era difícil descobrir o assassino. Ela costumava dizer que, quando lhe faltava inspiração, lia jornais. E foi em notícias de jornal que ela construiu seu crime de ficção. Quando *O astro* estava para acabar, já fazia um ano que a imprensa carioca registrava, diariamente, tudo sobre um assassinato que mobilizara a cidade. Uma garota da classe média, Claudia

Lessin Rodrigues, tinha sido morta durante uma festa regada a drogas num apartamento da Zona Sul. Os acusados do crime eram um jovem viciado em cocaína, Michel Frank, e seu amigo Georges Khour, um cabeleireiro que circulava na alta roda. Entre os suspeitos da novela, estavam Felipe Cerqueira, um jovem viciado em cocaína, e Henry, seu amigo cabeleireiro. Não deu outra.

"Houve um momento em que os artistas da novela começaram a brigar para ganhar a notoriedade de interpretar o assassino", recorda-se Edwin Luisi, o ator que teve a honra de matar Salomão. Com 31 anos, Luisi fazia seu terceiro trabalho na televisão. Paulista, tinha chegado ao Rio dois anos antes para cumprir uma temporada teatral com *À margem da vida*, de Tennessee Williams. Gilberto Braga o conhecia dos tempos em que era crítico de teatro e o escalou para garantir um par romântico para Lucélia Santos no final de sua novela *A escrava Isaura*. Luisi manteve a linha de galã no segundo papel, o filho bom e honesto de *Dona Xepa*. O convite, da própria Janete, para interpretar Felipe, um toxicômano mau caráter, já era uma virada em sua curta carreira televisiva. "Sabia desde o início que eu era o assassino, mas não contei nem para a minha mãe", garante o ator.

Edwin Luisi foi também uma vítima do sucesso da novela. Na época, estava em cartaz no Teatro Glória com a comédia *Roda cor de roda*, de Leilah Assumpção. A peça não ia bem de bilheteria desde a estréia, que coincidiu com o começo da Copa do Mundo da Argentina. No entanto, ao contrário de *O astro*, que obteve índices de audiência superiores aos das transmissões dos jogos da seleção brasileira – 80% em média, que subiam para 90% em dia de jogo –, *Roda cor de roda* perdeu a partida desde o início. Mas nunca foi tão mal como na semana da exibição dos últimos capítulos. "Naquele sábado, eu estava indo para o Glória e estranhei a cidade vazia. Não tinha ninguém nas ruas. Nem no teatro. A gente acabou não dando espetáculo", rememora o ator.

Era impossível se abrir o jornal e não ler algum fato alusivo à trama de Janete. Três dias antes de o último capítulo ir ao ar, o Informe JB, a bem informada coluna do *Jornal do Brasil*, deu o furo: "O assassino é Felipe." Nem por isso a curiosidade da audiência diminuiu. E se Janete mudasse o final? Afinal, foram gravados cinco finais diferentes para enganar a imprensa. Naquela semana, todos os cronistas do *JB* dedicaram suas colunas ao tema. José Carlos Oliveira comparou a trama de Janete com o caso ainda incompleto de Michel Frank. Misturando ficção e realidade, ele convocava Michel a voltar de seu refúgio na Suíça: "Felipe e o cabeleireiro já estão em cana. Isto quer dizer que você, Michel Frank, não matou ninguém e pode voltar ao Brasil no momento que quiser, sem o risco de ser molestado por quem quer que seja."

Carlos Eduardo Novaes imaginou uma situação absurda em que vai a uma festa onde é o único convidado que não acompanha a novela. Sente-se "humilhado", "envergonhado", "abandonado como um hanseniano". "O Rio de Janeiro, que não pôde parar para ver o Brasil conquistar a Copa, foi à forra parando para saber quem matou Salomão Aiala. Lá em casa, havia mais gente que no jogo Brasil e Argentina", diz na crônica. Novaes encerrava seu texto também comparando a novela com o crime do ano. "Eu acho que só há uma maneira de se saber quem foi o assassino de Claudia Lessin Rodrigues. É pedindo à Globo para fazer uma novela." A maior de todas as homenagens, porém, viria três dias depois de a novela sair do ar. Janete recebeu uma crônica inteira num dos espaços mais nobres da imprensa brasileira: a coluna de Carlos Drummond de Andrade. O poeta iniciou seu texto dando um pito no país: "Agora que *O astro* acabou, vamos cuidar da vida, que o Brasil está lá fora esperando."

A própria Janete se surpreendeu com tanta repercussão. E tentava atribuir o sucesso a algo mais que a simples curiosidade pela revelação do assassino de Salomão. "O público está ansioso por cenas de amor, muito mais do que por saber quem matou quem", disse uma vez. "Acho que as pessoas têm vergonha de falar de amor e de amar e, através da televisão, das novelas, se identificam demais. Eu não tenho vergonha de escrever nem de dizer que as pessoas se amam. O grande problema é que o modernismo teme o amor, os reencontros, as cenas românticas. Não é esse o meu caso. Os meus personagens amam muito."

O astro era tão romântico quanto qualquer trabalho anterior de Janete Clair. Mas teve o acréscimo de alguns ingredientes que a transformaram na mais típica de suas obras. "Comecei a fazer esta novela a partir de um personagem, Herculano Quintanilha, que surgiu de uma inspiração sobre a vida de López Rega", disse Janete Clair em depoimento no Museu da Imagem e do Som, duas semanas antes de a novela sair do ar. Jose López Rega era, na década de 50, "El Brujo", mágico de um cabaré do Panamá, onde trabalhava a vedete Maria Estela Martinez, também conhecida como Isabelita. Teve a sorte de apresentar a moça ao ex-presidente argentino Juan Péron. Isabelita e López Rega acompanharam Perón em suas andanças no exílio até o general retomar o poder. Isabelita, então, virou primeira-dama e o "brujo" do cabaré panamenho transformou-se no ministro do Bem-Estar Social da Argentina.

A este insólito personagem da política latino-americana, Janete acrescentou umas pitadas de Tartufo, o mau-caráter de Moliére que ela conhecera numa montagem teatral parisiense, e o corpo do ator Francisco Cuoco. Estava criado assim o Herculano Quintanilha. Como "El Brujo", Herculano surgia no primeiro capítulo na pele de um astrólogo de churrascaria. Não chegou ao governo, mas conheceu o poder na alta sociedade do Rio de Janeiro, envolvido com uma riquíssima família de descendentes árabes. Era a principal atração de *O astro* até o capítulo 62. Foi aí que Salomão Aiala (Dionísio Azevedo), o patriarca da tal família, morreu covardemente assassinado. E a descoberta de seu assassino passou a ser a principal preocupação do país, dando mais argumentos para os críticos da novelista que a acusavam de alienar a população.

Aqueles tempos eram assim. Artista que não mostrava profundas preocupações sociais em sua obra era alienante. Janete não escapou. No depoimento ao MIS, ela desabafou: "É pecado você dar uma distração ao povo brasileiro? Qual é o crime de eu dar uma diversão para o povo? A vida já é tão dura... A gente já luta tanto... Com exceção da novela, o resto é tudo ruim. Tá tudo ruim por aí. Então vamos alegrar um pouco o povo." O resto era ruim mesmo. Foi por aqueles dias que o senador Magalhães Pinto lançou a Frente Nacional pela Redemocratização, uma ainda tímida tentativa de encerrar a ditadura militar que governava o país. Mas ninguém soube da notícia pela televisão. Para mostrar que o movimento não tinha futuro, a Polícia Federal enviou um comunicado a todas as estações de rádio e TV do país informando que elas estavam proibidas de noticiar a ousadia democrática do senador. Para que não houvesse dúvida da força do governo, o general Ernesto Geisel, alguns dias depois, fez um discurso em Salvador em que não deixava espaços para lorotas liberais. "Mantenhamo-nos unidos e vamos para a luta que se antevê para breve. Vamos lutar por nosso

Poder, pela Revolução, porque a Revolução Brasileira é realmente a construção do nosso Brasil", ameaçou o presidente.

Janete Clair criava o sonho para um país que recebia doses diárias de ditadura. E ganhou seu salvo-conduto na já citada crônica de Drummond. Depois de, aparentemente, criticar o país que, em vez de cuidar da vida, se dedicava a acompanhar *O astro*, o poeta concluía que era melhor ficar diante da televisão que participar do dia-a-dia do governo. "O Brasil está esperando lá fora que a gente ponha reparo nele? Deixa esperar. Ou melhor: a gente convida o Brasil para vir sentar cá dentro e assistir conosco à infinita história do faz-de-conta", escreveu Drummond. O faz-de-conta ideal do poeta era criado por Janete Clair, que alimentava "o público faminto de opções e alternativas ao nosso medíocre real cotidiano. Queremos mais. Precisamos de mais, para agüentar o repuxo da vida". Na mesma crônica, Carlos Drummond de Andrade deu uma definição definitiva para Janete Clair: usineira de sonhos. No país da censura implacável, das eleições indiretas, do pesadelo da ditadura, tudo que o Brasil precisava era de uma usineira de sonhos.

Duas vidas

Janete Clair costumava dizer que toda vida dá uma novela. E que a dela daria uma novela muito calma. Não é bem assim. Janete nasceu em Conquista, uma cidadezinha do Triângulo Mineiro, no dia 25 de abril de 1925. Se ficasse por lá, talvez a novela de sua vida fosse mesmo muito calma. E ela nunca aliaria o poder de sua imaginação à força da Rede Globo, a ponto de paralisar o país naquela noite em que foi ao ar o último capítulo de *O astro*. Quando Janete nasceu, Conquista era uma cidade nova, com apenas 13 anos de idade e 20.000 habitantes. Não teve muito futuro. Cinqüenta e oito anos depois, quando *A Tribuna de Conquista*, o jornalzinho local, noticiou a morte de sua mais ilustre cidadã, teve que admitir: o município tinha diminuído e contabilizava, então, apenas 8.000 moradores.

"E foi assim que Conquista, ainda menina, deu à luz aquela criancinha, pelo amor de um comerciante libanês e de uma costureira de descendência portuguesa e aqui ela viveu os primeiros anos de sua infância, brincando e correndo pelas largas avenidas que, na época, não ofereciam o perigo de hoje por predominar o movimento dos carros de boi." Foi desta maneira que o redator de

A Tribuna de Conquista iniciou o obituário de Janete. Nada na Conquista de 1925 indicava o futuro que Janete Clair teria. Para falar a verdade, nem o Brasil da época dava qualquer sinal do destino de Janete. Naquele tempo ainda não havia novela de televisão. Não havia nem televisão. Não havia nem mesmo novela de rádio. Aliás, nem o rádio existia – pelo menos o rádio do jeito que a gente conhece hoje. E se for para ser rigoroso, não havia nem Janete Clair. Quem nasceu naquela Conquista de carros de boi foi Jenete Stocco Emmer. O Stocco era da mãe, dona Carolina, a "costureira de descendência portuguesa" citada pela *Tribuna.* Emmer era do pai, seu Salim, um libanês de sotaque carregado. Jenete era conseqüência do sotaque de seu Salim, que não conseguiu fazer o escrivão entender o nome que escolhera para a filha. Janete Clair só ia nascer muitos anos depois. E bem longe de Conquista.

"Meu pai, como todo imigrante árabe, começou a vida como mascate", contou ela, em 1979, à repórter Maria d'Ajuda, do jornal *O Globo,* numa das raras vezes em que comentou sua infância com a imprensa. "Depois, seguiu o ciclo estabelecido e abriu um pequeno negócio de secos e molhados. Essa loja de meu pai também vendia fazenda, sapatos e outros artigos. Fornecia mercadoria para todos os fazendeiros da região."

– Mamãe e papai tiveram quatro filhos: três mulheres e um homem. Eu sou a caçula das mulheres, e também a mais levada de todos. Fugia para brincar nas ruas. Nunca estudava as lições em casa, porque aprendia com facilidade durante as aulas, e jamais fui reprovada – acrescentou no mesmo depoimento.

Então, quando Janete chegou a Conquista, já havia Anice e Amilde, as duas irmãs mais velhas. Ricardo apareceu depois. Era o irmão mais moço. A pouco mais de

1.800 quilômetros de distância, mas muito importante para esta trama da vida real, já havia também Alfredo de Freitas Dias Gomes. E para quem duvida da importância de Dias Gomes na trajetória de Janete, ela trata de esclarecer no depoimento registrado pelo Museu da Imagem e do Som: "Ele foi o meu mestre, meu grande mestre, meu professor. E quando comecei a melhorar escrevendo, foi porque tentei imitá-lo."

Janete Clair só vai encontrar Dias Gomes porque grandes encontros fazem parte de toda boa novela. Ela no interior de Minas, ele na Bahia – havia muito poucas chances de um dia ficarem juntos. Dias nasceu em Salvador, dois anos e meio antes de Janete. Seu pai, um engenheiro civil, morreu moço, aos 40 anos. Dias tinha 3. Cansou-se de ouvir as pessoas dizerem que "esse menino não devia ter nascido", o que até hoje lhe dá a sensação de ter sido um censurado precoce. Mas Dias tinha um irmão 10 anos mais velho, Guilherme, que se tornou arrimo de família e o verdadeiro pai que ele conheceu. Dias e Janete vão se encontrar numa estação de rádio, uma situação que, àquela altura, não poderia passar nem pela cabeça do mais criativo dos radionovelistas. Isso se alguém resolvesse ser novelista de rádio naquela época, o que seria uma idéia mais improvável ainda.

Quando Janete nasceu, a primeira emissão radiofônica do Brasil tinha completado só três anos. Nela, o presidente Epitácio Pessoa fazia um discurso sobre o Centenário da Independência comemorado no Rio de Janeiro. Não dá para dizer que o programa tenha sido campeão de audiência. Na verdade, ele só foi ouvido pelos que se postaram perto dos alto-falantes colocados em torno do palanque presidencial. Em 1925, porém, já havia uma dezena de estações de rádio funcionando em todo o país. A primeira delas foi a Rádio Sociedade do Rio de Janeiro.

Ninguém pensava em fazer uma rádio comercial. A Sociedade se especializou em transmitir conferências, árias de óperas, concertos de piano. Outra estação carioca, a Rádio Clube do Brasil, tentou ser mais popular e programava apresentações de cantores como Carmem Miranda e Francisco Alves.

A emissora não se chamava Rádio Clube por acaso. Sua audiência era composta por associados e a programação funcionava quase como o boletim interno de um clube. Foram as rádios-clubes que proliferaram pelo Brasil: a Rádio Clube Paranaense, em Curitiba; a de Pernambuco, em Recife; a Ceará Rádio Clube, de Fortaleza... O país ainda debatia se o rádio deveria ou não depender da publicidade. O primeiro programa patrocinado só surgiu em 1927, na Rádio Cruzeiro do Sul, de São Paulo, "sob os auspícios", como se dizia na época, da gasolina Atlantic. A audiência era altamente elitista. Quem podia ter um aparelho de rádio na década de 20? Nos Estados Unidos, onde o veículo se desenvolveu mais rapidamente, a questão não era muito diferente. As grandes redes radiofônicas nacionais, como a RCA e a NBC, mantidas pela publicidade, também só surgiram em 27. O censo americano de 1930 verificou que apenas 40% das famílias dos Estados Unidos possuíam rádio.

Mas o quadro se transformaria depressa. Quatro anos depois daquele censo desanimador, os americanos descobriram que 90% das famílias do país já tinham pelo menos um aparelho de rádio em casa. O que havia mudado? Em época de depressão econômica, o rádio tinha se tornado a mais barata das diversões. E conquistado um público consumidor que a indústria americana, cada vez com mais dificuldades para vender seus produtos, não podia desprezar. As fábricas de sabonete (Procter and Gamble, Colgate-Palmolive, Lever Brothers, na frente) perceberam isso, passaram a alugar horários na programação vespertina – saía mais em conta que na noturna – e começaram a produzir programas que atraíssem o ouvinte daquele horário: a dona de casa.

No Brasil, o rádio também começava a deixar de ser um artigo de luxo. Em 1930, um vendedor genial encontrou uma fórmula que ajudou a popularizar aquele eletrodoméstico tão exótico. Ele batia de porta em porta pelas ruas do Rio, deixando com as donas de casa um aparelho de graça para ser testado. Três dias depois, reaparecia para pegar o rádio de volta. Quase ninguém queria devolver, o jeito era comprar. Ademar Casé vendeu tanto rádio que acabou sendo apresentado à direção da indústria que os fabricava, a Phillips. E em pouco tempo ganhou um programa para ele na rádio que a fábrica mantinha. Vem do "Programa de Casé", estreado num domingo de 1932, todo o estilo de programação que passou a ser comum nas emissoras do país. Números musicais, "jingles" para os anunciantes, esquetes humorísticos... Casé deu o formato ao tipo de rádio em que Janete iria brilhar. Só não inventou a novela.

Por esta época, a família de Janete se mudou para Franca, no interior de São Paulo, e seu destino, finalmente, começou a ser traçado. Comerciante inquieto, seu Salim vendeu a loja de Conquista para abrir outra num município mais movimentado. "Era uma cidade bem maior", constatou Janete. "Foi lá que extravasei toda a minha vocação artística. Nas festas do grupo escolar, cantava e dançava." Franca tinha uma característica peculiar. Desde 1925, era a sede da PRB-5, Rádio Clube Hertz, a primeira emissora do interior. "Fiz minha estréia no rádio, cantando e imitando franceses e árabes", contou Janete na entrevista de 79, revelando seu passado de criança-prodígio. "Eu queria aparecer, me mostrar, ser artista, e mamãe sempre me incentivou. Acabei virando a estrelinha de Franca."

Mas não foi na Rádio Hertz que Janete encontrou Dias Gomes. Nesta ocasião, ele estava imaginando se iria mesmo se mudar para o Rio de Janeiro. Guilherme, o irmão mais velho, tinha se formado em Medicina e feito concurso na Capital para ser médico do Exército. A mãe de Dias, dona Alice, o ajudou com uma promessa. Se Guilherme passasse, ela assistiria a uma missa em cada igreja de Salvador. Guilherme foi aprovado e Dias acompanhou a mãe na peregrinação de fé. Na maratona, descobriu que é lenda a versão de que há 365 igrejas na cidade. "São só noventa e poucas", garante. Cumprida a promessa, a família Dias Gomes se transferiu para o Rio. Com o filho caçula tão enjoado de missas que acabou virando ateu para sempre.

Janete estava em Franca e Dias no Rio, quando as fábricas de sabonete descobriram a melhor atração para as ouvintes das rádios americanas: novelas. A primeira novela de rádio dos Estados Unidos – e, portanto, a primeira da história – estreou em 1930. Era *Painting dreams*, de Irna Phillips. Cada capítulo durava 15 minutos e relatava o cotidiano de uma cidade do interior americano. O modelo foi adotado pelas fábricas de sabonete e passou a ser conhecido como *soap* (sabonete) *opera*. São novelas bem diferentes daquelas que um dia ainda desembarcariam no Brasil. Uma típica novela americana, por exemplo, nunca chega ao final. Muda seus personagens, muda sua temática e dura uma eternidade. O importante é que todo dia, à mesma hora, o ouvinte esteja ali, preso ao rádio, acompanhando a trama. E as fábricas de sabonete ocupando o intervalo comercial. São novelas tão intermináveis que existe até mesmo uma – *The guiding light*, também escrita por Irna Phillips –, que estreou em 1937 e está no ar até hoje! Em 1950 ela começou a ser exibida na televisão. Durante quatro anos, fez parte da programação dos dois veículos. De 54 em diante, virou exclusividade da rede de TV CBS.

Mas o modelo da novela brasileira vem de Cuba, onde o rádio cresceu quase tão rapidamente quanto nos Estados Unidos. Miami era logo ali e as emissoras de Havana, com o apoio das fábricas de sabonete locais, imitaram a bem-sucedida experiência americana. Só que os cubanos tinham uma tradição não conhecida nos Estados Unidos: o folhetim. Assim, mais ao gosto da população de Cuba, as novelas de lá eram melodramas descarados, recheados de heroínas sofredoras e vilões sem nenhum caráter. Os personagens só tinham direito à felicidade no último capítulo (as novelas cubanas tinham um último capítulo). Até lá, o objetivo era fazer o ouvinte, ou melhor, a ouvinte chorar um pouquinho a cada dia. Logo a Colgate-Palmolive e a Gessy-Lever perceberam a potencialidade de também alugar horários nas rádios de Cuba. Tiraram do mercado as concorrentes nacionais e passaram a produzir novelas com sabor caribenho.

Na década de 30, a coqueluche cubana e distração predileta das donas de casa americanas ainda não tinha chegado à Rádio Hertz de Franca. A principal diversão de Janete Emmer era ir ao cinema. Ela não sabia, mas nos filmes que assistia já estavam os ingredientes que mais tarde iriam garantir seu sustento. "Os filmes de minha época de infância e adolescência me empolgam", disse numa entrevista de 1974. "Sinto que sou uma Selznick dos pobres. Gostaria de ter feito o que ele fez na época áurea de Hollywood. Amei *Rebecca*, *E o vento levou* e *Duelo ao sol*." Antes de cada filme de David Selznick, Janete se deliciava com fitas em série programadas pelo exibidor local. A cada semana, filmetes de 20 minutos sempre terminavam com o herói à beira do precipício, a mocinha caindo num poço sem fundo, o vilão disparando um tiro em direção ao galã distraído. Sete dias depois, a história era retomada, com os protagonistas escapando da cilada na última hora e continuando sua aventura, por mais 20 minutos, até encontrarem outro precipício, outro poço, outro tiro. Era assim com Jim das Selvas, Buck Rogers, Zorro. Mas Flash Gordon foi o herói de matinê eleito como o melhor de todos por Janete. No cinema de Franca, ela descobria o romantismo e a técnica de contar uma história serializada que marcariam toda sua obra.

Enquanto isso, no Rio, Dias Gomes começava a perceber que tinha jeito para escrever. Em 1938, ainda com 15 anos, ganhou um concurso do Serviço Nacional de Teatro com o texto *A comédia dos moralistas.* O prêmio era a montagem da peça, mas ela nunca foi levada aos palcos. No ano seguinte, chegou a publicar um romance: *Duas sombras apenas.* E tudo indicava que Dias seria o intelectual da família, escrevendo livros e peças de teatro, sem preocupações com o salário do fim do mês. O sustento da casa era garantido, pelo irmão Guilherme, com o soldo do Exército.

No fim da década de 30, as novelas foram se aproximando do Brasil. Empolgadas com o sucesso que os dramalhões em capítulos faziam em Cuba, as fábricas de sabonete passaram a exportar os textos para toda a América Latina. Deu certo, especialmente na Argentina. Colgate-Palmolive e Gessy-Lever criaram departamentos dedicados à produção de radionovelas para todo o continente. Contratavam os autores, os radioatores, adaptavam os textos de acordo com os costumes de cada país e, principalmente, vendiam muito sabonete, muita pasta de dente, muita água de colônia. O público-alvo continuava sendo a dona de casa e, no estilo latino-americano, o principal objetivo de uma novela era levar sua ouvinte às lágrimas. Janete não precisava acompanhar um drama radiofônico para chegar lá. Em casa mesmo estava vivendo uma situação de folhetim, daqueles que ela tão bem iria escrever um dia.

O casamento de dona Carolina e seu Salim não duraria mais muito tempo. Janete nunca falava disso. São muito poucas as reportagens, mesmo incluindo as que tentaram levantar seus dados biográficos, em que a separação dos pais é contada. E quando há alguma referência ao fato, ele nunca é relatado com detalhes. No Museu da Imagem e do Som, quando um dos entrevistadores lhe perguntou como era, na infância e na adolescência, sua relação com a família, Janete simplesmente mudou de assunto e passou a falar do início da carreira. É Dias Gomes quem conta agora o que aconteceu:

– A mãe de Janete apaixonou-se por um médico italiano, Ettore Minicelli, e resolveu viver sua história de amor. Saiu de casa, deixando os filhos com o marido. Seu Salim não teve estrutura para suportar a perda da mulher e o trabalho de educar quatro crianças.

Num primeiro momento, Ricardo, o caçula, ficou com dona Carolina. Mas logo seu Salim foi buscá-lo. Com os quatro filhos reunidos, mudou-se para São Paulo, a capital. Houve uma transformação radical na vida das crianças. A situação financeira do pai não era boa e as moças largaram os estudos – Janete nem completou o ginasial – para começar a trabalhar.

– Janete e eu fomos trabalhar numa torrefadora de café – conta a irmã mais velha, Anice. – Ela estava com uns 13 anos e eu com 17 ou 18. Depois, viramos balconistas nas Lojas Americanas de Santos.

Dona Carolina mudou de vida e até de nome. Adotou o Diva, forma carinhosa como era chamada pelo médico apaixonado. E não deixou de brigar na Justiça para reaver a posse das filhas. Em 1940, ela ganhou a causa. Ricardo continuou com seu Salim, mas as três meninas voltaram a viver com a mãe. Aparentemente, Janete não guardou traumas desta separação. Foi companheira de dona Diva por toda a vida e sempre considerou o apaixonado tardio da mãe como seu padastro legítimo. Numa mistura de amor e respeito, chamava-o de "doutor". Mas o tempo que passou fora foi suficiente para ela forjar uma personalidade forte e independente que a acompanhou para sempre e que era rara, muito rara, para os padrões reservados às mulheres da época.

Ainda em 1940, o rádio brasileiro começou a fazer história no Rio de Janeiro com a estatização da Rádio Nacional. A estação tinha sido criada quatro anos antes. Com um transmissor de 20 quilowatts, era a mais potente do país. Quando o presidente Getúlio Vargas instaurou o Estado Novo, em 1937, a Nacional só tinha um ano de vida. Mas seu poder provocava inveja no governo. "Dos países de grande extensão territorial, o Brasil é o único que não tem uma estação de rádio oficial", disse, num discurso da época, o diretor do Departamento de Imprensa e Propaganda, Lourival Fontes. E continuou:

– Todos os demais têm estações que cobrem todo o seu território. Essas estações atuam como elemento de unidade nacional. Uma estação de grande potência torna o receptor barato e, portanto, o generaliza...

Vinte quilowatts era tudo que o governo precisava. Com três anos de ditadura, Getúlio estatizou a Nacional. A estação tinha verbas federais, mas continuou com permissão para veicular propaganda comercial. Esta insólita situação a tornou imbatível. Capaz de realizar as melhores produções da época, manter sob contrato os melhores elencos, a Nacional estourou em audiência. E em 1941 foi procurada pela Standard Propaganda, que possuía a conta da Colgate-Palmolive no Brasil. A fábrica de sabonete queria lançar uma novela no Brasil.

A partir daí começa uma discussão para saber quem lançou a primeira radionovela brasileira, numa daquelas intermináveis contendas entre Rio e São Paulo. Também em 41, Oduvaldo Viana fez uma viagem à Argentina e trouxe, na bagagem de volta, a idéia de produzir novelas no Brasil. Oduvaldo era um respeitadíssimo autor de teatro que, vinte anos antes, tinha renovado a cena brasileira. Foi o primeiro a escrever textos em que o sotaque e expressões de Portugal eram substituídos pelo linguajar nacional. Em vez de "se não te portares bem, dar-te-ei um bofetão", escrevia "pára, se não te quebro a cara". Já tendo entrado para a história do teatro, Oduvaldo queria marcar sua passagem pelo rádio. Diretor da Rádio São Paulo, ele copiou o estilo do que tinha ouvido na Argentina e escreveu, para ser transmitido por sua estação, *A predestinada*, um dramalhão em capítulos que ia ao ar duas vezes por semana. Oduvaldo morreu, em 1972, reivindicando o mérito de ter lançado o gênero no país. Mas quase todos os livros sobre rádio registram que a primeira novela foi mesmo da Nacional.

Produzida pela Standard, com o patrocínio da Colgate-Palmolive, *Em busca da felicidade*, do cubano Leandro Blanco, adaptada por Gilberto Martins, ficou em cartaz por um ano inteiro. A história de um empresário dividido entre duas mulheres fez muito sucesso. Uma promoção dava um álbum com o resumo da trama aos ouvintes que enviassem um rótulo do creme dental Colgate à Nacional. Em um mês, a emissora recebeu 48.000 cartas – um escândalo para a época. Não havia tantos álbuns assim para serem distribuídos. O concurso teve que ser suspenso, mas a Nacional virou líder de audiência no país e a novela passou a fazer parte do cotidiano brasileiro para sempre. A Nacional vai ter um papel importante na caminhada de Janete. Mas só na década seguinte.

Dias Gomes também estava sendo bem-sucedido no Rio. No final de 1942, ele escreveu a peça *Pé de cabra* que foi montada, com boa bilheteria, por Procópio Ferreira. Assinou, então, um contrato com o ator para lhe escrever quatro peças por ano. Acabou escrevendo cinco, mas uma tragédia familiar interrompeu sua precoce carreira teatral. O irmão Guilherme morreu, aos 31 anos, de forma surpreendente. Aparentemente, ele inoculou em si mesmo um produto com o qual estava fazendo experiências para o Exército. Teve um ataque, foi levado para o hospital e não resistiu. Sua morte nunca foi bem explicada para a família. Mal refeito do choque, Dias demorou pouco tempo para perceber que o dinheiro que ganhava no teatro não era suficiente para seu novo papel de chefe de família, o que incluía o sustento de dona Alice, da cunhada e ainda de dois sobrinhos. É aí que Oduvaldo Viana entra de novo nesta história. Ele estava fundando uma rádio em São Paulo, a Pan-americana, e vinha chamando um grupo de artistas do Rio para montar sua equipe. Tinha visto e gostado de *Pé de cabra*, o que valeu um convite a Dias para juntar-se à turma que tentava pôr de pé a estação. Em 1944, Dias se mudou para São Paulo. Com o emprego na nova rádio, queria fazer economia e voltar ao Rio, um ou dois anos depois. É esse, então, o período de tempo que ele terá para se encontrar com Janete. Mas o encontro vai acontecer antes de terminar o prazo.

Quando Dias se mudou, Janete já morava em São Paulo há um bom tempo e vinha fazendo uma carreira distante do ambiente artístico. Do emprego na torrefadora de café, ficou uma experiência que ela utilizaria até morrer. "Foi lá que aprendi a bater a máquina", dizia sempre. "Bendita a hora em que me sentei numa máquina de escrever." Mas dona Diva reservava ambições maiores para a filha. Queria que ela fosse médica. E Janete conseguiu uma vaga no Hospital Municipal de São Paulo, onde foi ser analista de laboratório. "Estava cumprindo a vontade de minha mãe", explicou muito tempo depois. "Mas eu optei pelo mais fácil. Eu sempre quis um resultado imediato." Em 1944, Janete fazia um estágio no hospital como bacteriologista, quando a irmã Amilde, dona de um registro de soprano poderoso, venceu um concurso que pretendia escolher a mais bela voz de São Paulo. O prêmio era um contrato com a Rádio Difusora, estação dos Diários Associados. Janete acompanhou a irmã à emissora, chamou a atenção de Dermival Costa Lima, um dos diretores da casa, e foi convidada para fazer um teste de locutora. Quando voltou para casa, Amilde não era a única da família a trabalhar no rádio. Com carteira assinada no dia 1º de outubro de 1944 e um salário de 400 cruzeiros por mês, Janete Emmer tinha se tornado a mais nova radioatriz da Difusora.

Quando não participava dos programas que estavam no ar, Janete podia ser sempre encontrada em dois ambientes da estação: a discoteca e o escritório de Sarita Campos. No primeiro, ela se deliciava descobrindo discos de música clássica. Seu preferido era *Clair de lune*, de Debussy. Gostava tanto de *Clair de lune* que outro dos diretores da rádio, Octavio Gabus Mendes, encontrou no título da música o pseudônimo que procurava para batizar Janete. Ele implicava com o sobrenome Emmer e convenceu-a a trocá-lo por Clair. Janete Clair.

No escritório de Sarita Campos, ela exercitava a imaginação. Mulher de Dermival Costa Lima, Sarita produzia e era a principal redatora do "Vesperal das moças", uma atração que ocupava a programação da Difusora durante toda a tarde. O "Vesperal" se encerrava sempre com o "Teatrinho das cinco horas" – um radioteatro com meia hora de duração e muito melodrama. Sarita passava o tempo inteiro diante de uma máquina de escrever, criando um texto por dia. E Janete ficava a seu lado dando idéias. "Eram idéias maravilhosas e eu aproveitava todas", revelou Sarita em 1978. Sarita reivindicava também o posto de madrinha de Janete na carreira de escritora. "Um dia, eu lhe encomendei um texto. Pedi para ela pôr no papel tudo que passava na sua cabeça. Então, ela escreveu uma peça para o 'Teatrinho das cinco horas'. E foi ao ar". Pode ter sido este o primeiro trabalho dramatúrgico de Janete. Não ficou registro do que ela escreveu. Mas não seria arriscado dizer que não era um bom texto. Naquele tempo, Janete era apenas radioatriz. "Ela fazia todo mundo chorar", depôs Sarita. Se a ouvinte chorava, a radioatriz cumpria sua função. Janete era mesmo uma ótima radioatriz. A pecinha do "Vesperal das moças" não conta para currículo. Janete só daria os primeiros passos na técnica de escrever quando começasse a namorar.

Dias Gomes não completou um ano de trabalho na Pan-americana. Ele era o responsável pelo "Grande Teatro Pan-americana", um radioteatro semanal, com uma hora de duração, que transmitia adaptações de romances e peças. No fim de 1944, porém, Oduvaldo Viana vendeu a rádio, transferiu-se para a Tupi e deixou sem rumo a equipe que tinha vindo do Rio. Dias ainda ficou um tempo por lá, mas no ano seguinte foi contratado pela Difusora, onde Janete já era uma locutora e radioatriz do primeiro time. Não foi amor à primeira vista. Era impossível convencer alguém que aqueles dois tivessem sido feitos um para o outro.

Janete não gostava de política, Dias estava começando a namorar o Partido Comunista. Ela era católica praticante; ele, ateu convicto. Dias só pensava em teatro e literatura (o rádio servia para ganhar dinheiro), Janete fazia rádio porque gostava. E tinha mais. "Ele é um camarada muito antipático, muito irônico, muito gozativo", costumava queixar-se Janete pelos corredores da emissora. "Além do mais, usa um bigodinho...", complementava, encerrando a lista de defeitos que atribuía ao novo colega. Havia ainda outro obstáculo no percurso do casal. Quando, enfim, conheceu Janete Clair, Dias Gomes era casado.

Paixão proibida

Quem conhece as novelas de Janete Clair sabe que nenhum obstáculo é suficientemente forte para impedir que o par romântico chegue a um final feliz. Nem mesmo um casamento anterior atrapalha a trajetória da dupla de protagonistas. É até melhor que seja assim. Um triângulo amoroso sempre atrai mais audiência para a novela. Foi o que aconteceu, por exemplo, em *O astro*. Márcio (Tony Ramos) casa-se com Jose (Sílvia Salgado) só para dar um pouco mais de emoção à união do galã com a verdadeira heroína da história, Lili (Elizabeth Savalla). Aconteceu também em *Coração alado*, de 1980, em que Juca Pitanga (Tarcísio Meira), antes de cair nos braços de Vivian (Vera Fischer), casa-se com Catucha (Débora Duarte). Dias Gomes ia acabar, de um jeito ou de outro, ao lado de Janete Clair. Mas naquele 1945, quando entrou para a Rádio Difusora, estava casado com Madalena.

Ele conheceu Madalena, no ano anterior, na Rádio Panamericana, onde ela trabalhava como telefonista. Era uma menina de 16 anos. Ele tinha 21. Começaram um namoro sem maiores compromissos, mas a família de Madalena não gostou. Não queria ver a adolescente ao lado daquele boêmio, piadista, que tinha chegado do Rio. Ela contrariava os pais e, mesmo sabendo que iria receber uma bronca, não perdia uma sessão de cinema, às 10 da noite, na companhia do namorado. Cada vez que pegava um cineminha com Dias, Madalena chegava em casa depois da meia-noite. Até o dia em que a bronca dos pais virou uma ameaça. Se voltasse a chegar em casa neste horário, não precisava nem tentar entrar. A porta estaria trancada por dentro. Madalena repetiu o programa do cinema às 10, voltou para casa depois da meia-noite e descobriu que não tinha onde dormir.

A única alternativa de Dias era levar a menina para passar a noite no quarto da pensão em que morava. E o que a família de Madalena mais temia aconteceu. Como diria um narrador de radionovela da época, Dias fez mal à moça. E como ele não era o vilão desta trama, precisou reparar seu erro, para usar outra expressão comum aos dramalhões daquele tempo. Não teve papel passado nem véu de noiva, mas Dias e Madalena começaram a viver como marido e mulher.

Na Difusora, a relação com Janete não ia nada bem. E parecia que os dois nunca iam se entender até a tarde em que Dias dirigiu um programa em que Janete interpretava uma francesa. Como ela gostava de fazer, desde os tempos da Rádio Hertz de Franca, a francesa tinha sotaque.

– Eu fazia tipos muito bem – orgulhava-se Janete.

Mas naquela tarde, ela se enrolou tanto nos biquinhos do francês que acabou emitindo um cacófato.

– Ficou uma coisa meio imoral – lembra-se Dias.

Tão imoral, que ele caiu na gargalhada, surpreendendo Janete.

– Fiquei com muita raiva – recordou ela, anos depois. – Tanta raiva que comecei a chorar.

Dias se aproximou, pediu desculpas e Janete percebeu que ele não era tão "antipático, irônico e gozativo" quanto ela imaginava.

– Fomos unidos por um cacófato – resume Dias.

Passaram a manter uma relação cordial. E ficaram assim até o dia em que, em mais uma de suas investidas na discoteca da Difusora, Janete descobriu o *Prelúdio em Ré menor*, de Chopin. Foi o último dos 24 prelúdios que Chopin compôs em Majorca, entre 1829 e 1839, e que se tornaram, desde então, o fundo musical ideal para qualquer situação romântica. Por alguma razão, que só o romantismo sabe explicar, o prelúdio fez Janete pensar em Dias. Enquanto ouvia os 2 minutos e 11 segundos da melodia, ela começou a achar que aquele bigodinho não era tão ridículo assim.

Na mesma hora em que Janete ouvia Chopin na discoteca da Difusora, Dias estava no cine Metro, no centro da cidade, assistindo ao filme *O retrato de Dorian Gray*. Baseado no romance de Oscar Wilde, dirigido por Albert Lewin, *The picture of Dorian Gray* ficou na memória de muita gente como o filme em que Angela Lansbury mostrou que tinha talento. Pode ser lembrado ainda como a produção que deu o Oscar de melhor fotografia a Harry Stradling. Há, enfim, quem se recorde da surpresa das cenas finais quando o filme – preto-e-branco como quase toda a produção da época – exibia um esplendoroso colorido. Mas para Dias, o que ficou de *Dorian Gray* foi a inclusão de uma bela composição de Chopin na trilha sonora: o *Prelúdio em Ré menor*. E desde o primeiro momento em que a música foi utilizada, ele parou de prestar atenção na tela e começou a pensar em Janete.

No dia seguinte, Janete encontrou Dias num corredor da Difusora. "Vem cá que eu quero te mostrar uma música que é a tua cara", disse ela, levando-o à discoteca. Quando percebeu que era o prelúdio, Dias revelou: "Ouvi a mesma música ontem num filme e também fiquei pensando em você." Se Madalena pudesse ter presenciado a cena, ela entenderia que, naquele momento, estava virando um personagem secundário desta história de amor. Para Janete, o bigodinho de Dias tinha se tornado definitivamente atraente.

Começou o namoro. "Janete era uma mulher avançada. Nosso namoro era moderno", avalia Dias. "Mas isso não tinha nada a ver com feminismo. Ela era uma mulher de trabalho que lutou sozinha." Ele continuava casado com Madalena, mas passava muito mais tempo junto a Janete. O expediente na Difusora ia das 10 da manhã à meia-noite. Não que o trabalho na rádio exigisse tanto da dupla. Mas quando Dias terminava seus textos e Janete concluía suas locuções, os dois se trancavam num escritório e escreviam, em conjunto, os primeiros livros daquele candidato a romancista. Ele ditava e ela batia à máquina. Ela era muito melhor datilógrafa que ele. Janete vendava os olhos do namorado com um lenço para que ele se concentrasse melhor. Desse jeito foram escritos *Um amor e sete pecados*, *A dama da noite* e *Quando é amanhã*. Nenhum dos três romances deve ter ajudado Dias a, cinqüenta anos depois, entrar para a Academia Brasileira de Letras. Mas, certamente, foram o instrumento para Janete adquirir suas primeiras noções de como fazer um texto de ficção. Foi um curso intensivo de romancista. "Ela lia tudo que eu fazia", conta Dias. "Eu percebia que ela tinha uma imaginação muito fértil."

A imaginação de Janete logo seria testada. Em 1947, Dias terminou seu casamento com Madalena e, no início do ano seguinte, motivos políticos levaram o casal a deixar a Difusora. A esta altura, Dias já estava oficialmente ligado ao Partido Comunista. "Mesmo sem gostar de política, ela abraçava idéias humanitárias e estava sempre de acordo comigo", diz ele. Foi por isso mesmo que ela saiu da rádio. Dias era responsável pelo programa "A vida das palavras". Era o que se chamava na época de um programa de grande montagem, o que significava que nele eram utilizados o radioteatro, a orquestra, o elenco de cantores e do que mais dispusesse a emissora. A cada semana, escolhia-se uma palavra e o programa mostrava canções, poesias, trechos de peças de teatro, pedaços de romance, quadros humorísticos em que a tal palavra aparecia. O espírito esquerdista de Dias queria criticar a Conferência do Quitandinha que tinha criado a Organização dos Estados Americanos. Ele fez, então, um programa em que a palavra era "quitanda". Os Estados Unidos eram a maçã; o Brasil, o abacaxi; a quitanda era a própria conferência. "Era uma sátira musical de cunho político", define o autor. O consulado americano não gostou e fez pressões para Dias ser demitido. Ele transferiu-se para a Rádio América. Janete não tinha nada a ver com isso, mas, em solidariedade ao namorado, pediu demissão da Difusora para acompanhá-lo na mudança de rádio. A América era uma das últimas colocadas nas tabelas de audiência e não chegava a ameaçar a Difusora. Mas sem querer dispensar totalmente uma de suas melhores locutoras, a Difusora deu a Janete apenas uma licença.

Na nova rádio, Dias foi ser diretor de radioteatro. Com um contrato de verdadeira profissional – seu salário subiu para 2.500 cruzeiros –, Janete não queria mais ser só locutora ou radioatriz. Em 1948, a radionovela já era uma experiência bem-sucedida no Brasil. Foi naquele ano que a Rádio Nacional programou o maior fenômeno do gênero, *O direito de nascer*, do cubano Felix Caignet. Escrever uma novela não era tarefa para qualquer tipo de autor. Não bastava criar uma história e desenvolvê-la em capítulos que iam ao ar duas ou três vezes por semana. Muitas variáveis interferiam na trama. O sucesso exigia que o escritor esticasse sua história. O fracasso determinava uma interrupção repentina. *O direito de nascer* é um bom exemplo para mostrar como um autor de novela precisa de uma imaginação muito especial. Quando foi transmitido em Cuba, o dramalhão que narrava o sofrimento de Albertinho Limonta, um filho de mãe solteira que desconhecia suas raízes, exigiu de Caignet uma destas técnicas peculiares aos autores do gênero.

Com o sucesso da novela, o radioator que interpretava dom Rafael de Juncal, avô de Albertinho, pediu um aumento de salário. A rádio negou e ele abandonou o trabalho. Ser substituído por um ator com voz diferente não era a melhor solução. Felix Caignet, então, fez o personagem sofrer um derrame cerebral e perder a voz. Melhor: o derrame acontecia exatamente porque dom Rafael descobria seu parentesco com Albertinho. A partir daí, o personagem quer revelar o segredo a seu neto, mas é impedido por seus problemas com a fala. Qualquer um poderia emitir os grunhidos do personagem sem que o ouvinte percebesse a mudança do ator. O que era uma solução de última hora transformou-se na maior atração do enredo. A cada dia, o público ligava na rádio na esperança de o velho, enfim, recuperar a voz e aliviar o drama do galã. *O direito de nascer* atingiu níveis de suspense até então não conquistados por uma novela e bateu recordes em todas as medições de audiência. Quando chegou ao Brasil, o derrame de dom Rafael já fazia parte da trama e o sucesso se repetiu.

Janete acreditava que, juntando sua imaginação ao que tinha aprendido enquanto datilografava os romances do namorado, bem que poderia tentar escrever uma novela. Apaixonado, Dias lhe deu um horário. E, em 1948, ela escreveu *Rumos opostos*. Não era complicada como *O direito de nascer*, que ficou quase um ano no ar. *Rumos opostos* tinha só 20 capítulos, de 15 minutos cada um, que foram ao ar três vezes por semana. Mas a modesta Rádio América entrou para a história do rádio brasileiro por ter transmitido a primeira novela de Janete Clair.

"Foi aí que eu vi que ela tinha um grande talento, uma imaginação portentosa", revela Dias. "Eu sempre tentei conter esta imaginação, mas nunca consegui." No fim de 48, Dias foi demitido outra vez. Uma nova oportunidade para ele surgiu na Rádio Bandeirantes. Desta vez, sem a companhia de Janete. A Bandeirantes era uma das líderes de audiência e uma real ameaça à Difusora. A emissora das Associadas exigiu sua volta e Janete retomou os trabalhos de locutora e radioatriz. Foi assim até 1950. Dias já estava há seis anos em São Paulo, quando um acontecimento precipitou a sempre adiada volta ao Rio. Como prova de que aquele namoro era mesmo moderno, Janete ficou grávida. Por que não casar e começar uma vida nova em outra cidade? Desta vez, com a bênção da Igreja Católica, Sarita Campos e Dermival Costa Lima como padrinhos e a papelada devidamente registrada em cartório, o casamento era pra valer. Durou 33 anos. Foi daqueles que só a morte separa.

No Rio, Janete conseguiu um contrato na Rádio Tamoio e Dias preparou alguns programas para oferecer à Rádio Tupi. As duas estações ficavam no mesmo prédio, na Avenida Venezuela, sede carioca dos Diários Associados. Alugaram um apartamento de sala e dois quartos, no Largo do Machado, meio apertado para o tamanho da família. Nele tinha que haver espaço para Dias, Janete, dona Alice (a mãe de Dias) e, muito em breve, o primeiro filho. O aluguel era de 3.200 cruzeiros – um pouco acima da renda mensal do casal. Janete ganhava 3.000 cruzeiros por mês. Para Dias, não havia salário garantido. Se os programas que criasse interessassem a algum patrocinador, aí sim ele receberia alguma coisa. E ainda tinha a pensão alimentar de Madalena. Ele deu a sorte de ver aceitas, de uma só vez, três de suas criações. Mas para enfrentar a insegurança dos primeiros meses no Rio, o jeito era Janete vender o único bem que possuía em São Paulo. Os gastos extras no início da temporada carioca foram assegurados por um telefone que ela vendeu para uma colega da Difusora: Hebe Camargo.

O contrato de Janete na Tamoio previa seu trabalho na área de locução. Mas ela achava que, com a novelinha que já escrevera para a Rádio América, poderia continuar se arriscando na área de redação. O diretor da rádio, Paulo de Grammond, era irmão de Sarita Campos e, com o apoio da madrinha de casamento, Janete foi escalada para a equipe do programa "Pausa para meditação". Era uma das atrações mais populares da época. A função de Janete era dramatizar, no estilo das radionovelas, mas com historinhas que se completavam numa só emissão, cartas de ouvintes que relatavam experiências verdadeiras, geralmente românticas. Limitando-se ao trabalho de redatora, Janete podia ficar mais tempo em casa e dedicar-se à espera do primeiro filho.

Naquele 1950, dois nascimentos mudariam para sempre sua vida. O primeiro, no Rio, foi de Guilherme, batizado com o mesmo nome do irmão mais velho de Dias. O segundo foi em São Paulo. No dia 18 de setembro, os Diários Associados inauguraram a PRF 3, TV Tupi Difusora, canal 3, a primeira estação de televisão da América do Sul. Na época, o Brasil tinha pouco mais de 50 milhões de habitantes, com quase metade desta população morando nos centros urbanos, magnetizada pelo rádio. Mas a história da diversão de massa estava para mudar. Naquele mesmo ano, chegava ao país uma leva de 300 televisores importados.

Quatro meses depois, a televisão ficou mais perto de Janete com a inauguração da primeira emissora do Rio, a TV Tupi, canal 6. Foi instalada no mesmo prédio da Rádio Tamoio, na avenida Venezuela. E, em busca de um equipe para preencher sua programação, a Tupi passou a fazer testes com o elenco dos radioteatros.

– Me escondia nos corredores para fugir dos testes. Na época, era preciso ter uma cara bonita – contou Janete, no depoimento ao MIS.

– Mas ela era muito bonitinha, uma graça – rebateu Sarita Campos, que participou da entrevista.

– Mas não era fotogênica – concluiu Janete, encerrando o debate.

A chegada da televisão não foi uma ameaça imediata para o rádio. A programação procurava seguir os passos do concorrente. Se a radionovela era garantia de audiência, por que não inventar a telenovela? Em 1951, a TV Tupi paulista exibiu *Sua vida me pertence*. Como no rádio, era ao vivo, com dois capítulos semanais e uma desavergonhada história de amor estrelada por Walter Forster e Lia de Aguiar. Não emocionou multidões. Novela sempre foi um tipo de programa popular e a TV daqueles primeiros tempos era definitivamente para a elite. Naquele ano, foram contabilizados 7.000 aparelhos de TV no país – todos no eixo Rio-São Paulo –, quase nada perto dos 20 milhões de ouvintes que formavam a audiência fiel às transmissões radiofônicas. O aparelho de rádio ainda proporcionava o mais barato dos entretenimentos. Um televisor custava 9.000 cruzeiros, mais ou menos o triplo do preço de uma vitrola. E a vitrola já era cara. Custava o equivalente a um salário inteiro de Janete. Se

Janete queria mesmo ser uma novelista de sucesso, o rádio ainda era o melhor veículo.

E a segunda oportunidade para ela surgiu em 1952. Dias foi contratado como diretor da Rádio Clube do Brasil. Janete o acompanhou mas, desta vez, apenas como redatora. Na Rádio Clube, ela escreveu sua segunda novela: uma adaptação de *Ana Karenina*, de Leon Tolstoi. A situação financeira do casal melhorou um pouco. Já dava para comprar um apartamento na Rua Senador Vergueiro, no Flamengo. Era num primeiro andar, de frente, e o bonde que passava na rua provocava um barulho infernal. Mas tinha duas salas e três quartos. Pelo menos cabia uma família que crescia rapidamente. Janete estava grávida outra vez.

"O segredo do nosso casamento era o respeito mútuo às diferenças", costuma dizer Dias Gomes. Janete e Dias se entenderam na diferença religiosa, na diferença política, na diferença profissional. Mas houve uma diferença que eles não puderam superar: ele é Rh positivo, ela era Rh negativo. A incompatibilidade sangüínea causa problemas quando o filho herda o fator Rh do pai. Na primeira gravidez, estes problemas praticamente não aparecem. A partir da segunda, porém, 5% dos bebês nascem com a doença por Rh, que pode provocar uma anemia grave, uma lesão no encéfalo ou a morte. Atualmente, a questão é resolvida com a injeção de um soro na mãe, pouco antes do parto, ou com uma completa substituição do sangue do recém-nascido por uma transfusão. Mas no início dos anos 50, a doença por Rh tinha sido descoberta há apenas uma década. Não tinha cura. E o segundo filho de Janete morreu com algumas semanas de vida.

O choque com a perda da criança; a atenção exigida por Guilherme; e o desejo de ter novos filhos afastaram Janete Clair do rádio. Até 1956, sua carteira de trabalho não teve mais nenhuma anotação. Desde os tempos de datilógrafa na torrefadora de café, era a primeira vez que isso acontecia. E nunca mais aconteceria de novo. Numa entrevista à repórter Léa Penteado, para o jornal *O Globo*, em 1978, logo após a exibição do último capítulo de *O astro*, ela se lembraria deste período com um certo desconforto. "Quando eu me casei com o Dias, era radioatriz, principal locutora da Rádio Difusora. Era uma mulher que tinha independência. Nunca me subjuguei, nem à minha mãe. Comecei a trabalhar muito cedo, o que nos anos 40 era uma coisa arrojadíssima. Casei e comecei a ter filhos. Fiquei completamente dopada de 1952 a 1956 e vivi exclusivamente para ter meus filhos, dedicada ao lar. Depois de quatro anos, eu disse não. Não agüentava mais a vida de ficar dependendo do dinheiro de meu marido para tudo. Aí comecei a fazer novelas."

Começou e nunca mais parou. Do primeiro capítulo para a primeira novela transmitida pela Rádio Nacional ao último capítulo que conseguiu escrever, 27 anos depois, para a última novela exibida pela Rede Globo, Janete Clair trabalhou como novelista todos os dias de sua vida.

Selva de pedra

Os tempos em que viveu "dopada" foram movimentados para Janete. Ela não trabalhava. Mas o envolvimento político do marido, mais uma vez, iria provocar conseqüências em sua vida. Dias resolveu participar, em 1953, das comemorações de Primeiro de Maio em Moscou. Ir à Rússia não era como hoje em que se escolhem as excursões em anúncios no jornal de domingo. O Brasil não mantinha relações diplomáticas com o governo comunista. A viagem precisava ser clandestina. Dias inventou que iria passar uma temporada em Londres, embarcou para Paris e, de lá, dirigiu-se à Praga. Juntou-se a uma delegação de escritores europeus que também iam comemorar o Dia do Trabalho em Moscou e, enfim, chegou ao destino desejado.

A viagem coincidiu com o auge de uma briga que agitava o Brasil. De um lado, estava o jornalista Samuel Weiner, proprietário da *Última Hora*; do outro, o também jornalista Carlos Lacerda, dono da *Tribuna da Imprensa*. Samuel era o queridinho do presidente Getúlio Vargas. Seu jornal garantia o único apoio da imprensa ao governo. Lacerda era antigetulista e inimigo pessoal de Samuel. Comandando a luta, havia ainda Assis Chateaubriand, o poderosíssimo dono dos Diários Associados. Samuel, àquela altura, já possuía dois jornais, uma revista semanal e uma emissora de rádio (a Rádio Clube, dirigida por Dias). Era a única ameaça real aos domínios de Chateaubriand, com seus 20 jornais, outras tantas estações de rádio, duas revistas e duas das três emissoras de TV do país (só não era dele a TV Paulista, inaugurada no ano anterior). A principal arma de Chateaubriand e Lacerda contra Samuel era um mal explicado empréstimo do Banco do Brasil com que ele tinha iniciado sua pequena rede de comunicação.

Qualquer deslize na tropa de Samuel virava manchete na *Tribuna da Imprensa.* E o deslize da temporada foi de Dias. Nunca se soube como, mas Lacerda recebeu uma foto do marido de Janete carregando uma coroa de flores na Praça Vermelha. Com direito a ilustração na primeira página, a viagem de Dias chegou à *Tribuna da Imprensa* com a legenda "Diretor da Rádio Clube leva flores para Stálin com dinheiro do Banco do Brasil". O túmulo não era de Stálin, mas de Lênin. O dinheiro não era do Banco do Brasil, mas de um agiota que Dias e Janete demoraram um ano inteiro para pagar. Mas a ousadia era verdadeira. Se uma foto de Dias em Moscou podia chegar a um jornal carioca, um telegrama de Janete também poderia chegar a Moscou. E foi o que aconteceu. "Volte com urgência", dizia ela. Dias voltou apenas para ser demitido. Passou a ser conhecido como "o cara que foi a Moscou" e não conseguiu outro emprego.

Os tempos voltaram a ficar difíceis. Dias e Janete tiveram que vender o apartamento da Senador Vergueiro e alugaram "uma casinha" na rua Saturnino de Brito, no bairro da Lagoa. A televisão continuava a crescer. Desde o dia 1º de abril, a TV Tupi exibia a primeira telenovela produzida no Rio, *Drama de uma consciência,* escrita por J. Silvestre. Eram dois capítulos semanais, transmitidos às quartas e sextas-feiras, às 19h30, sob o patrocínio do Café Predileto. Às terças e quintas, no mesmo horário, ia ao ar uma novelização de um conto de Edgar Allan Poe, *Coração delator*. A iniciativa não repetiu o sucesso que o gênero fazia no rádio. Telenovela não era mesmo o melhor programa para o tipo de espectador que possuía um aparelho de TV naquela época. Musicais, teleteatros, programas de perguntas e respostas (do tipo "O céu é o limite") eram os preferidos da elite que já tinha comprado um televisor.

O ano de 1953 terminou com quatro estações de TV no país – além da Tupi carioca, da Tupi paulista e da Paulista, a Record, também em São Paulo, tinha sido inaugurada em setembro – e com a família Dias Gomes já vivendo daquela nova atração. Dias e Janete tinham um televisor. Ele assistia a toda a programação, imaginando que tipo de texto poderia oferecer ao novo veículo. A Tupi do Rio tinha muito teleteatro e nenhum redator contratado. Todos os escritores recebiam cachê para produzir peças de 15 minutos para programas vespertinos, adaptações de romances para teleteatros noturnos, esquetes leves para espetáculos de variedades. Dias começou a escrever de tudo. Como seu nome não era aceito por nenhum patrão, usava o do amigo Moisés Weltman, que trabalhara com ele na Rádio Clube. Em pouco tempo, a produção de Dias ficou grande demais para ser toda atribuída a Weltman. Ele passou a usar também o nome de Paulo de Oliveira, seu secretário na Rádio Clube. Passados poucos meses, Dias escrevia tanto que ninguém acreditaria que Weltman e Oliveira tinham tempo para tanta produção. Janete Clair começou a ser usada também. Até hoje, muitos dos textos de Dias Gomes escritos neste período são atribuídos a Janete.

Escritores perseguidos só ficam numa lista de indesejáveis até que alguém tenha coragem de tirá-los de lá. E, geralmente, quando isso acontece, não há conseqüência nenhuma. É como se o escritor nunca tivesse sido perseguido. Com Dias Gomes não foi diferente. Ele já estava vivendo à custa do nome dos outros há um ano, quando, na sua busca por programas de televisão que precisassem de redatores, descobriu o "Teatrinho Kibon". Era uma comédia semanal, exibida nas noites de sábado, estrelada por Yoná Magalhães e escrita por Raimundo Magalhães Júnior. Dias soube que Raimundo estava largando o trabalho e ofereceu um texto seu para a Standard Propaganda, a agência que cuidava da conta da Kibon. Contou ao diretor de TV da agência, Sangirardi Jr., que seu nome estava vetado. Caso a peça fosse aprovada, o próprio Sangirardi deveria assiná-la. Uma semana depois, Dias soube que a peça iria ao ar com seu nome mesmo. Foi o bastante para a lista de indesejáveis perder um componente e o "Teatrinho Kibon" ganhar um novo redator.

Dias passou a escrever para outros programas da Standard, inclusive para os da Rádio Nacional. Mas enquanto ele voltava ao rádio, a escalada da TV ia em frente. Em 1955, foram inauguradas a TV Itacolomi (a terceira emissora associada, desta vez em Belo Horizonte) e a TV Rio. As pesquisas já calculavam que havia algo entre 200.000 e 250.000 aparelhos de televisão no país. A telenovela ainda era um gênero incipiente, mas já havia criado uma precursora de Janete Clair. Era a gaúcha Ilza Silveira que começou a trabalhar na Tupi carioca, depois de fazer um curso nos Estados Unidos. Ilza escrevia textos originais, adaptava filmes de sucesso para a TV, dirigia, escalava elencos. Aos 27 anos, tornou-se responsável pelo "Teatro de novela Coty" que ia ao ar duas vezes por semana às 20h45, o mais nobre dos horários. Mas ninguém acreditava que a novela um dia fizesse muito sucesso na TV. O segredo de sua boa aceitação no rádio era baseado na crença de que a dona de casa continuava cuidando dos afazeres domésticos enquanto acompanhava as desventuras do galã da ocasião. Na TV, a imagem exigia atenção total. Não podia dar certo.

O início da ascensão de Ilza Silveira coincidiu com o fim do período em que Janete Clair esteve "dopada". Ela resolveu voltar a escrever e passou a insistir com Dias para apresentar uma sinopse de novela a Standard. A agência era responsável também por alguns horários na Nacional patrocinados pela Sidney Ross. Os dramalhões da Sidney Ross eram sempre "um oferecimento" de Sonrisal, Leite de Magnésia de Phillips e Pílulas de Vida do Dr. Ross. Antes de cada capítulo, o mesmo narrador que relatava o drama dos personagens convencia o radiouvinte que "de comprovada ação antibiliosa, as Pílulas de Vida estimulam a atividade do fígado, descongestionando-o ... normalizando o fluxo biliar!" Quando o galã estava quase contando o segredo de sua vida para a heroína, a trama era interrompida para o narrador voltar ao ar dizendo que "Sonrisal é o único comprimido efervescente que contém não apenas um..., mas *dois* antiácidos! Um deles tem ação rápida e lhe dá alívio imediato contra qualquer indisposição do estômago! O outro tem efeito duradouro e prolonga esse alívio por horas e horas de bem estar!" E no final, quando um gancho deixava o ouvinte em suspense até o capítulo seguinte, o narrador voltava a agir para dizer que "o Leite de Magnésia de Phillips é ao mesmo tempo tão suave que os médicos recomendam até para as criancinhas. Não permita que a acidez estomacal estrague a boa disposição e prejudique a alegria no seu lar."

Por mais que a Sidney Ross se esforçasse, o que vendia mesmo eram os produtos da Colgate-Palmolive, que patrocinava as novelas concorrentes. Janete Clair ia acabar com isso. Dias Gomes demorou para submeter uma sinopse de Janete à avaliação da Standard. Tinha medo que o texto fosse aceito apenas em consideração a ele. Até que um fato da vida real ajudou a ficção. Em 1956, o Rio de Janeiro se emocionou com a notícia de dois bebês trocados na maternidade. Durante alguns dias, os jornais se ocuparam do drama das duas famílias, já apegadas às crianças que levaram para casa, mas precisando desfazer a troca. Janete imaginou o que aconteceria se o engano não fosse percebido tão rapidamente e criou uma novela prevendo o destino daqueles dois bebês. A resistência de Dias foi vencida e o texto apresentado à agência. A Sidney Ross gostou tanto da sinopse que programou a novela para um horário-problema – 11h15 de segundas, quartas e sextas – que só dava 13,3% de audiência. No dia 8 de agosto de 1956, a Rádio Nacional estreou *Perdão, meu filho*, um original de Janete Clair. E 45 capítulos depois, quando a última cena foi ao ar, a audiência tinha subido para 22,5%.

A agência ficou tão animada que encomendou uma segunda trama para Janete. Desta vez, seria para o horário de 20h, dominado na época, em outra estação, pela Colgate-Palmolive. A Sidney Ross estava mantendo no ar, há 10 meses, uma novela que obtinha 18,2% de audiência. Janete escreveu os 63 capítulos de *A noiva das trevas*, uma história passada no Brasil do início do século em que um pai de caráter duvidoso entrega a filha a um agiota para pagar as suas dívidas. A audiência subiu para 26,7%.

Ela se transformou na milagreira da Sidney Ross. Se o horário estava com pouca audiência, era escalada para recuperá-lo. O problema agora era o *Romance no ar*, que a empresa patrocinava às 12h30. Janete escreveu os 82 capítulos de *A canção do Rio*, aumentando a audiência de 17,3% para 22,5%. A questão começou a ficar complicada. Se estava responsável pelo horário vespertino, a novela das oito perdia audiência. Quando escrevia para o horário noturno, a novela de meio dia e meia despencava no Ibope. Ao final de *A canção do Rio*, Janete voltou para às 20h, onde escreveu aquele que considerava o seu melhor trabalho no rádio, *Um estranho na terra de ninguém*. Era a história do filho de um fazendeiro, criado na metrópole, que volta ao interior para redimir o nome do pai, acusado de assassinato, e reaver as terras a que tinha direito. Novo estouro: a novela obteve 28,7% de audiência, batendo a concorrente da Colgate. A Sidney Ross só via uma solução para manter a boa receptividade em seus dois horários: Janete Clair precisava escrever duas novelas ao mesmo tempo.

Assim foram escritas *Inocente pecadora* e *Rosa Malena*, *Alba Valéria* e *Uma mulher contra o mundo inteiro*, *Nuvem de fogo* e *Ela se chamava esperança*. Entre as seis, houve, pelo menos, um fenômeno: *Alba Valéria* atingiu 34,5% de audiência, índice até então não alcançado por nenhuma outra novela. Duas novelas simultâneas e o sucesso de *Alba Valéria* tiveram uma conseqüência imediata. O salário de Janete aumentou.

Como contratada da Sidney Ross, Janete escreveu 15 novelas para a Nacional. Foram 1.398 capítulos ou 18.173 laudas. "Nenhum autor no mundo escreveu uma obra deste tamanho", costumava dizer Milton Ramos, chefe de Janete na época. Mas ela não tinha chegado ainda onde queria. O sucesso como novelista de rádio veio rápido demais. Ela queria agora partir para a TV. "Eu tinha loucura para escrever uma novela de televisão", contou em seu depoimento no MIS. "Tinha convicção de que, se entrasse para a televisão, eu faria sucesso. Não me conformava de estar fora da televisão. Gosto das respostas imediatas. Eu queria entrar para a televisão e não tinha oportunidade."

Janete estava enxergando longe. Em 1957, as três estações de TV de São Paulo tinham verbas publicitárias maiores que as destinadas a todas as emissoras de rádio da cidade. Naquele ano, também, uma telenovela fez muito sucesso no Rio de Janeiro. O "Teatro de novela Coty" exibiu *A canção de Bernadete*, de Ilza Silveira, inspirada no filme americano, de Henry King, produzido 14 anos antes. A novela contava a vida da adolescente francesa Bernadette Soubirous, que recebeu uma aparição da Virgem Maria em sua cidadezinha. O filme deu a Jennifer Jones um Oscar de melhor atriz. A novela transformou Aracy Cardoso no primeiro ídolo da televisão carioca.

Mas o campo ainda não estava inteiramente preparado para receber Janete. Ela ainda ficaria muito tempo no rádio. O sucesso de suas novelas para a Sidney Ross fizeram a concorrente tomar uma providência. Janete foi contratada pela Lintas, agência que tinha a conta da Colgate-Palmolive. Para o novo patrão, ela continuou fazendo textos que eram transmitidos pela Nacional e criou, pelo menos, um programa que entrou para a história. Janete escrevia, a cada semana, uma trama completa, mas com o final aberto em duas opções. Os ouvintes mandavam para a Lintas cartas com a conclusão que lhes agradava mais e, na semana seguinte, este final ia ao ar. Janete Clair inventou o "Você decide"!

Os anos 60 encontraram a Família Dias Gomes numa boa fase. Janete era uma das mais bem-sucedidas escritoras de novelas do país. Dias tinha escrito, em 1959, *O pagador de promessas*, a peça que seria, daí por diante, o principal item de seu currículo teatral. Em 1960, a peça estourou na montagem dirigida por Flávio Rangel. No mesmo ano, Janete ficou grávida outra vez. Desde o nascimento de Guilherme, ela vinha tentando vencer a incompatibilidade sangüínea que não deixava a família crescer com a rapidez que ela desejava. Depois de Guilherme, já tinha nascido Denise, que não apresentara problemas. Mas até a gravidez de agora, Janete tinha sofrido seis abortos. "Ela dizia que tinha gerado um time de futebol inteiro", conta Alfredo, o filho que, afinal, sobreviveu. Ao nascer, passou por uma transfusão de sangue completa e cresceu saudável. Em 61, *O pagador de promessas* virou filme, dirigido por Anselmo Duarte, e conquistou a Palma de Ouro no Festival de Cannes.

Na televisão, começava a se criar o formato que favoreceria a produção das telenovelas que Janete Clair tanto queria escrever. Ainda em 1961, o programa humorístico de Chico Anysio passou a ser gravado em videoteipe, permitindo que o comediante contracenasse com ele mesmo. Mais que isso: o videoteipe deu chances para que a produção de TV fosse feita em série, única maneira de se programar, com um mínimo de qualidade, uma telenovela. Ilza Silveira não chegou a aproveitar a nova tecnologia. Em 1963, aos 31 anos, ela morreu num desastre de avião. O videoteipe estava só começando a ser usado. Fundada quatro anos antes em São Paulo, a TV Excelsior inaugurou, naquele mesmo 63, uma filial carioca e contratou um grande elenco para seu teleteatro. Dele fazia parte um casal que começava a brilhar no teatro e no cinema: Glória Menezes e Tarcísio Meira. O diretor da estação, Edson Leite, apostava numa proposta revolucionária. Ele tinha conhecido na Argentina as novelas de TV.

A idéia era diabólica. Até então, os campeões de audiência da televisão se dividiam por todas as emissoras. Uma estação tinha um show musical que fazia grande sucesso nas noites de segunda-feira. No dia seguinte, no mesmo horário, a maior parte da audiência se transferia para outro canal que apresentava um programa humorístico. Um dia depois, uma terceira emissora acertava programando um teleteatro. E nenhuma delas tinha a segurança de ser líder de audiência a semana inteira. A Excelsior importou um grupo de executivos argentinos prontos para fazer a situação mudar, repetindo um esquema que tinha dado certo em seu país. Para começar, as novelas deveriam ser diárias. Se caíssem no gosto do público, a televisão podia garantir ao anunciante que teria a mesma audiência a semana inteira naquele horário. Ninguém iria mudar de canal sem saber qual seria a nova maldade preparada pelo vilão da novela. As fábricas de sabonete acreditaram na estratégia e se mostraram dispostas a levar para a TV o know-how de 30 anos de rádio. Glória e Tarcísio se assustaram com aqueles argentinos que circulavam pelos corredores da Excelsior dizendo "tenemos que hacer novelas, tenemos que hacer novelas". Mas em julho de 1963, eles estrelavam a primeira novela diária da televisão brasileira. Gravada em videoteipe, *2-5499 ocupado*, dirigida por Tito Di Miglio e escrita por Alberto Migré – dois argentinos –, assegurou, durante dois meses seguidos, todos os dias, a liderança de audiência, entre 19h e 19h30, para a Excelsior. Desde então, a novela é o item principal da programação de TV do país.

O último capítulo de *2-5499 ocupado* estava indo ao ar quando Janete Clair, finalmente, chegou à televisão. Mas não do jeito que ela preferia. Por indicação de Moacir Deriquem, o produtor Fábio Sabag quis conhecer alguns de seus textos. A especialidade de Sabag não eram novelas. Ele produzia o programa infantil mais popular da época, o "Vesperal Trol". Todas as tardes de sábado, a TV Tupi do Rio exibia uma peça de teatro completa dirigida às crianças. A princesa era sempre Norma Blum, o príncipe encantado era Roberto de Cleto, a bruxa era sempre Zilka Salaberry. "Nem todo mundo escrevia com facilidade para crianças. Os textos precisavam ser refeitos e ficavam num vai-e-vem que, às vezes, demorava meses", conta Sabag. "Mas as peças de Janete já vinham prontas. Ela as entregava numa segunda-feira e no sábado seguinte iam ao ar." *O pássaro ferido*, o primeiro texto de Janete escrito especialmente para a televisão, foi transmitido no dia 15 de setembro de 1963. Até 6 de março de 1966, ela fez mais oito peças infantis para o "Vesperal Trol".

No início de 64, Dias Gomes ocupou o posto de diretor artístico da Rádio Nacional. A experiência da TV Excelsior com novelas não o impressionou. Ele resolveu criar para a rádio uma programação com a qual, acreditava, a televisão não poderia competir. Era toda calcada em jornalismo e novelas. Mas nem teve tempo de perceber que estes dois gêneros seriam exatamente aqueles a que a TV mais se dedicaria nos anos seguintes. Três meses depois de assumir a função, foi demitido pelo Ato Institucional nº 1, o primeiro dos mecanismos de exceção criados pelo golpe militar de abril de 64. Aqueles não eram tempos para quem costumava passear em Moscou. Dias teve que sair da rádio e de casa. Escondeu-se na fazenda dos pais de um amigo, na estrada Rio-São Paulo, onde Janete, na companhia de Flávio Rangel, ia visitá-lo nos fins de semana. "Era uma grande companheira", constata Dias. "Foi difícil, mas ela agüentou a barra."

Ninguém tem saudades de 1964. Mas é preciso admitir: foi um ano de ouro para as telenovelas. Ao todo, estrearam 31 títulos diferentes. Foi em 64 que a Colgate-

Palmolive contratou a cubana Maria Magdalena Iturrioz y Placencia para dirigir seu departamento de televisão. Com o pseudônimo de Gloria Magadan, ela ainda teria um papel importante na carreira de Janete. Foi em 64 também que a Excelsior passou a ter três horários ocupados por novelas. No mais tradicional, o das 7 da noite, exibiu uma história que se tornou antológica: *A moça que veio de longe*, de Ivani Ribeiro. Usando a trama gasta da empregada doméstica que se apaixona pelo patrão, foi formado o primeiro par romântico a arrebatar multidões: Hélio Souto e Rosamaria Murtinho. Foi em 64 ainda que a Tupi exagerou, chegando a programar quatro novelas simultaneamente. Mas, entre elas, estava uma que mostrou até onde podia chegar a força do dramalhão em episódios: *O direito de nascer*. Fez tanto sucesso que o estúdio de TV tornou-se pequeno para atender a curiosidade que despertava. Seu último capítulo foi representado, ao vivo, no Maracanãzinho.

Janete Clair assistia a tudo de longe. A produção de novelas era toda em São Paulo. No Rio, ainda havia timidez das emissoras. A TV Rio usava o talento de Nelson Rodrigues para produzir *Sonho de amor*, uma adaptação meio desengonçada de *O tronco do ipê*, de José de Alencar. Nelson ainda escreveu, naquele ano também, um texto original, *O desconhecido*. Eram novelas mais pobres que as paulistas. Mas tinham alguma repercussão. A Tupi carioca, então, resolveu experimentar o gênero. Fábio Sabag seria o produtor. Tinha chegado a hora de Janete.

Sabag recebeu três sinopses para escolher a que a emissora iria produzir. Uma delas era *O acusador*, de Janete. "Almeida Castro, diretor da Tupi, queria gravar uma novela no estúdio da Urca, para ser exibida três vezes por semana. Ele preferia um original cubano que já tinha comprado. Mas fiquei logo fascinado pela sinopse da Janete. Era uma coisa muito brasileira", conta o produtor. *O acusador* era um policial, ambientado no interior de Pernambuco, em que o protagonista tomava o lugar de seu irmão gêmeo para desvendar a intriga que tinha causado sua suposta morte. Jardel Filho fazia os dois irmãos num elenco que ainda contava com Márcia de Windsor, Vera Gertel, Graça Mello, Zilka Salaberry, Suzana Negri e Átila Iório. Só foi exibida no Rio de Janeiro. Ia ao ar às segundas, quartas e sextas no horário de 21h. Chegou a dar 32% de Ibope, mas não teve continuidade. A Tupi carioca passou por dificuldades para produzi-la e preferiu substituí-la por programas da linha de shows.

Janete voltou a escrever suas novelas de rádio, enquanto aguardava outra chance. A situação em casa tinha piorado outra vez. Em 65, ela ficou grávida de novo. Era a 11ª gravidez – aquela que, teoricamente, completaria seu time de futebol familiar. Mas Marcos, na verdade, foi o quarto filho. Não tinha nenhum problema no sangue, apenas uma bronquite crônica. A família estava completa: Guilherme, Denise, Alfredo e Marcos. Dias já estava em casa, mas voltara a não conseguir trabalho. O dinheiro dos direitos autorais de *O pagador de promessas*, que era montado no mundo inteiro, chegava pingado. Tentando viver só de teatro, ele via suas peças serem proibidas, uma após a outra, pela Censura. "Na época, enfrentávamos uma situação financeira difícil", revelou Janete no MIS. "Por problemas políticos, o Dias estava atravessando uma fase ruim. Então, eu me dedicava inteiramente às novelas. Foi uma crise. Ele estava proibido de escrever. Mas isso só me estimulava para a luta. Cheguei a fazer três novelas ao mesmo tempo: duas de rádio e uma de TV."

A novela de TV a que Janete se referia era *Paixão proibida*, exibida em 1967 pela TV Tupi paulista. Ela a escreveu na Lintas que, na época, produzia o horário de 21h30 para a Colgate-Palmolive. Era uma adaptação de *A Família Borges*, uma de suas tramas criadas para o rádio. O enredo era um dos mais criativos que Janete elaborou. Relatava os percalços de um casal enamorado no Brasil do século 18. Mas, paralelamente à trajetória do par romântico, ela descrevia a ação da Inconfidência Mineira. *Paixão proibida* teve um elenco estelar (Sérgio Cardoso, Rosamaria Murtinho, Juca de Oliveira e Lima Duarte), mas pouco sucesso.

Quando *Paixão proibida* foi ao ar, a televisão já não era a mesma dos tempos em que a telenovela diária começou. Dois anos antes, tinha sido criada a TV Globo do Rio de Janeiro. Com um ano de vida, a emissora conseguiu a média de 28% de audiência na cidade. Em 66, Walter Clark foi contratado como principal executivo da estação. Ele vinha da TV Rio, onde fez de tudo até chegar à direção, e criou para a Globo uma grade de programação que a emissora mantém até hoje, acostumando o espectador a saber de cor que tipo de atração encontra em cada horário. Clark percebeu que a Globo também precisava de novelas, mas não aceitava o domínio que as fábricas de sabonete exerciam sobre a televisão quando elas eram programadas. Para romper esses laços, criou seu próprio departamento de novelas e, para supervisioná-lo, tirou a cubana Gloria Magadan da Colgate.

Gloria Magadan mantinha em seu escritório uma gaveta cheia de folhetins cubanos e europeus. Era ali que ela escolhia as tramas que a Globo exibia. A primeira delas foi *Eu compro essa mulher*, levemente inspirada em *O conde de Monte Cristo*, de Alexandre Dumas. A ela se seguiram *O sheik de Agadir* e *A sombra de Rebeca*, supostamente originais da própria Magadan. Eram enredos rocambolescos e exageradamente fantasiosos. Mas elevaram a média de audiência da Globo para 48%. Gloria Magadan ganhou o poder com todo o apoio de Walter Clark. E só com suas novelas, o Rio passou a ter um nível de produção que podia concorrer com o que vinha de São Paulo. Em 65, Janete já tinha enviado para a Globo uma sinopse de *Um estranho na terra de ninguém*, sua novela de rádio predileta. Não aconteceu nada e ela não insistiu. Mas agora ela percebia que, se quisesse mesmo escrever novelas para a televisão, tinha que ser na Globo.

Era quase tão difícil conseguir uma audiência com Gloria Magadan quanto com o presidente da República. Talvez com o presidente fosse até mais fácil. Janete tentava mostrar seus trabalhos, mas não chegava nem nos assessores da supervisora de novelas da Globo. Todos os amigos de Janete procuravam alguém que conhecesse alguém que pudesse chegar a Magadan. Até que Daniel Filho procurou-a para encomendar um roteiro de cinema. "Filme eu não gostava, não ia fazer bem", contou Janete depois. "Mas disse a Daniel que queria fazer uma novela de televisão e ele me prometeu uma chance." Pouco tempo depois, Janete recebeu um telefonema do amigo. "Corre para a Globo agora que ela vai te receber", dizia ele, aflito. Janete foi. E ficou quatro horas na sala de espera até que viesse um chamado. A poderosa cubana a recebeu, leu por alto as sinopses que Janete levou e não lhe deu nenhuma esperança. "Aguarde uma oportunidade", disse ao despedir-se.

Sem nenhuma expectativa, Janete voltou ao trabalho. Naquele tempo, além de escrever novelas para a Lintas, ela trabalhava na equipe de produção do "Show sem limite", um programa de variedades que J. Silvestre apresentava na TV Rio. Mas uma semana depois, Gloria Magadan a chamou de volta. Ao entrar no seu escritório, recebeu um calhamaço de 800 páginas e um aviso que parecia mais misterioso ainda com o sotaque forte que Magadan carregava:

– Eu tenho um abacaxi para você.

A mulher marcada

O abacaxi que Janete precisava descascar tinha começado a crescer três meses antes. Foi quando Glória Magadan desengavetou um dos folhetins que colecionava para transformar em novelas. Desta vez, era um texto francês do final do século passado, *A touti negra do moinho*, e Glória procurava um autor brasileiro para fazer a adaptação. O jornalista e publicitário Daniel Mas, seu principal colaborador, lembrou-se de Emiliano Queiroz.

Emiliano tinha alguma experiência com textos. Cearense de Aracati, foi criado em Fortaleza desde os dois anos. Aos 20, no final da década de 50, mudou-se para São Paulo onde queria tentar a carreira artística. Estudou teatro, fez figuração em programas da TV Tupi, trabalhou um pouco com textos de publicidade e voltou para Fortaleza. A televisão estava chegando ao Ceará e o candidato a ator acreditou que teria mais chances em sua terra natal. Teve mesmo. Emiliano trabalhou na televisão cearense, quase sempre como ator, mas, algumas vezes, como adaptador de textos para teleteatros. Ficou lá até a chegada do videoteipe. Percebeu, então, que as estações de TV regionais não tinham futuro. Em breve, a programação do Sul chegaria enlatada. Antes que isso acontecesse, retornou a São Paulo na metade dos anos 60. Desta vez para ficar. Conseguiu alguns papéis no cinema – *Conceição, O Lamparina* –, e acabou protagonizando uma novela na TV Paulista: *Eu amo esse homem.*

A novela ainda estava no ar, quando a Paulista foi comprada pela novíssima Rede Globo e todo seu elenco transferido para o Rio. O Jardim Botânico recebeu uma invasão de São Paulo: Célia Biar, Heloísa Mafalda, Osmar Prado e... Emiliano Queiroz. O primeiro trabalho na nova emissora foi estrelar a regravação de *Eu amo esse homem.* Era uma novela moderna para a época. O personagem de Emiliano era meio edipiano. Sua antagonista era uma psicanalista em cujo consultório subentendia-se o homossexualismo do galã. A Censura vetou a nova exibição da novela e Emiliano ficou por ali sem fazer nada. Até Daniel Mas se lembrar de sua passagem pelo meio publicitário paulista e o indicar para ser o autor de *A touti negra do moinho.*

Aos 31 anos, Emiliano Queiroz seria o novo novelista da Globo. "Esse título é impossível", argumentou. Não tinha problema. O folhetim francês virou *Anastácia, a mulher sem destino.* "Eu não sabia adaptar uma novela, mas me prometeram uma equipe...", justifica hoje o ex-futuro novelista. Emiliano não ganhou a equipe prometida e começou a adaptar sozinho uma trama enlouquecida, ambientada numa ilha vulcânica, cuja heroína era a desaparecida herdeira do trono de uma monarquia em decomposição. "A Censura ainda não tinha cortado todos os nossos sonhos. Eu estava acostumado a interpretar no teatro textos de Plínio Marcos, Dias Gomes e, de repente, estava escrevendo aquela maluquice para a televisão." Sem nenhuma técnica, Emiliano começou a se perder na história e, em busca de uma rota, não parava de criar novos personagens. O ibope caiu. A cada queda de audiência, Glória Magadan amarrava mais a cara e ele inventava um novo personagem para tentar prender a atenção do público. A folha de pagamentos da novela crescia a cada semana. Os colegas desempregados de Emiliano lhe pediam para entrar na novela. Por que não? Criou um personagem para Gilberto Martinho, um outro para Fábio Sabag.

Por volta do capítulo 40, *Anastácia* já tinha uma centena de personagens e ficava cada vez mais sem destino. O ibope despencou. Não bastava amarrar a cara. Glória Magadan parou de cumprimentar Emiliano. No diagnóstico global, o tal novo autor foi considerado irrecuperável. Era preciso chamar alguém para levar aquela novela até o final com alguma coerência. Não tinha uma autora de novelas de rádio querendo uma oportunidade na Globo? O próprio Emiliano havia visto um capítulo de *Paixão proibida* que Janete Clair escrevera para a TV Tupi e achado muito bonito. Não que uma recomendação de Emiliano valesse alguma coisa àquela altura, mas Janete era o nome da vez.

Foi assim que Glória Magadan chamou Janete a seu escritório de novo e, entregando-lhe os 50 capítulos já escritos por Emiliano, disse a frase "Eu tenho um abacaxi para você". A tarefa de Janete era destrinchar aquela confusão e tomar a novela para si. "O autor não sabe como continuar", explicou Magadan. Janete pegou a papelada, foi para casa e passou a noite inteira lendo, com Dias Gomes, os insondáveis mistérios de *Anastácia*. O dia já amanhecia quando o casal deu o trabalho por encerrado.

– Não tem jeito – avaliou Janete.

– Eu não consegui entender nada – retrucou Dias.

– Nem eu. Só se a gente matar todos os personagens e começar a escrever uma nova novela. Mas como é que se faz para matar essa gente toda?

– Que tal uma bomba?

Uma bomba, não. Mas a certa altura, um dos dois pensou num terremoto. Afinal, era uma ilha vulcânica... Nem Dias, nem Janete souberam dizer depois de quem fora a idéia do desastre, mas foi esta a saída apresentada a Glória Magadan numa reunião no dia seguinte. Idéia aprovada, duas semanas depois, o capítulo de *Anastácia, a mulher sem destino* terminava com um terremoto abalando os estúdios da Globo e exterminando a centena de personagens criados por Emiliano. Só sobraram quatro: os interpretados por Leila Diniz, Ênio Santos, Míriam Pires e Henrique Martins. No dia seguinte, o capítulo se iniciava com uma cartela indicando que a ação dera um salto de 20 anos. Leila Diniz passava a interpretar dois papéis: o seu personagem original e a filha dele. Os outros três sobreviventes apenas envelheciam 20 anos. Um novo elenco e uma nova trama formavam o resto da novela que ainda ficou no ar por um bom tempo. O que nunca ficou muito claro foi a idade do personagem de Ênio Santos. Antes do terremoto, ele já era um octogenário. Como permaneceu vivo durante toda a novela, é legítimo supor que tenha chegado ao último capítulo ultrapassando a barreira dos 100 anos.

Emiliano não assistiu mais à infeliz *Anastácia*. “Eu estava sofrendo muito”, justifica. E só conseguiu ver esta passagem com algum humor depois que escreveu um texto teatral inspirado na experiência: *La ultima noche de gloria*. A peça nunca foi montada. Emiliano não dava mesmo para a coisa. Acabou tendo seu talento de ator reconhecido por todo o país quando, dois anos depois, interpretou Juca Cipó, o vilão divertido criado por Janete Clair para a telenovela *Irmãos Coragem*. Quem vai dizer que não foi esta a maneira de ela agradecer pela participação de Emiliano no episódio que a levou para a Globo?

Com *Anastácia*, Janete Clair, enfim, chegava onde queria: escritora de uma novela para TV. A experiência com *O acusador* havia obtido algum sucesso, mas a Tupi não tinha estrutura para continuar gravando novelas. *Paixão proibida* teve tão pouca repercussão que só foi exibida em São Paulo. Na Globo, Janete contava com uma infraestrutura capaz de pôr no ar três novelas simultaneamente. Era a primeira experiência brasileira de uma atividade industrial com o gênero. Para Janete, era a verdadeira estréia. Só tinha um problema: Glória Magadan.

Em sua autobiografia *O campeão de audiência*, Walter Clark, diretor da Globo na época de *Anastácia*, definiu Glória Magadan como "uma máquina de transformar o absurdo em sucesso". Em troca deste sucesso, a Globo aceitava qualquer absurdo de Magadan. Aos 50 anos, ela era a supervisora de tudo que a estação apresentasse em capítulos. Escolhia o elenco, mexia no texto, matava personagens. Utilizava um sistema peculiar de pesquisas para traçar o rumo de todas as novelas da casa. Simplesmente batia de porta em porta no prédio em que morava perguntando aos vizinhos o que estavam achando de determinada atração. De acordo com as respostas, ela mudava o desenrolar de cada trama. O pior é que dava certo e qualquer idéia de Glória Magadan virava lei. Assim, as novelas da Globo eram sempre ambientadas em Agadir, numa vila espanhola, no México pré-revolucionário. Seus galãs eram piratas, índios astecas, gângsters de Chicago. A temática de Janete Clair tinha poucas chances naquele universo. Ela bem que queria adaptar para a TV alguns de seus sucessos radiofônicos passados no meio rural brasileiro. Mas Glória Magadan não queria nem ouvir falar nisso. O Brasil não era suficientemente romântico a ponto de inspirar uma novela, acreditava a poderosa. "Era uma senhora de inteligência muito curta", avalia Dias

Gomes. Quando ele lhe perguntava por que as novelas não podiam se passar no Brasil, ela tinha a resposta na ponta da língua:

– Olha, meu filho, você não pode fazer um galã com o nome de João da Silva.

Então, os personagens de novelas da Globo tinham que se chamar Ramón, Robledo, Maximiliano. Por isso, a primeira missão de Janete, logo depois de *Anastácia*, foi adaptar *Sangue e areia*. Era muito mais Glória Magadan que Janete Clair. Havia até mesmo um capítulo em que, como prova de paixão, a protagonista Doña Sol arrancava os próprios olhos. Nunca, em toda a história da telenovela no Brasil, houve uma heroína tão cega de amor.

Apesar de tudo, a novela foi bem-sucedida, marcando a estréia de Glória Menezes e Tarcísio Meira na emissora e lançando o horário de 8 da noite. Teve mais audiência que *O homem proibido*, programada pela estação, na mesma temporada, para o horário de nove e meia. Isso também era um problema. *O homem proibido* era estrelada por Yoná Magalhães e Carlos Alberto, a dupla de ouro de Glória Magadan. Meio inspirada na lenda do Zorro, seu herói chamava-se Demian e agia na cidade de Kanshipur. Kanshipur? Não havia dúvidas: *O homem proibido* era escrita pela própria Magadan, que passou a se incomodar com o sucesso da autora concorrente. "Glória Magadan criava muitos problemas", desabafou Janete em seu depoimento no MIS. "Era uma pessoa um pouco estranha. Não queria um contato meu com os atores, nem com a direção. Era sempre a intermediária. Ela dizia que me ensinava a fazer novela, o que não era verdade. Tinha muito medo de mim porque via o que eu podia fazer."

Janete mostrou o que podia fazer duas novelas depois. Sua idéia era rescrever um antigo trabalho transmitido pela Rádio Nacional, *Rosa Malena*. Glória Magadan topou, mas só se a trama fosse adaptada para a Espanha dos tempos napoleônicos. Aliás, Napoleão Bonaparte, em pessoa, deveria ser personagem da novela. Com essa orientação, Janete escreveu *Rosa rebelde*, repetiu a dupla Glória Menezes e Tarcísio Meira e consolidou de vez o horário que ficou consagrado como o da novela das oito. Com esta novela, a capacidade de Janete Clair em superar crises seria testada mais uma vez. *Rosa rebelde* já tinha sido totalmente escrita, o último capítulo estava prestes a ser gravado, a autora trabalhava numa nova história (*Véu de noiva*), quando a TV Globo de São Paulo pegou fogo. Era lá que a emissora gravava a novela das sete, a superprodução *A cabana do Pai Tomás*. Os estúdios ficaram imprestáveis. O jeito foi transferir a gravação, com elenco e cenários, para o Rio. A Globo carioca não tinha condições de manter no ar a novela das 10 (*A ponte dos suspiros*, escrita sob o pseudônimo de Stella Calderón por Dias Gomes), montar novos cenários para *A cabana do Pai Tomás* e iniciar toda a produção da nova trama de Janete Clair. Era mais fácil continuar exibindo *Rosa rebelde*. Janete foi consultada e não criou problemas. Reescreveu aqueles que seriam os dois últimos episódios, deixando alguns conflitos sem solução, e produziu mais 100 capítulos utilizando um artifício semelhante ao terremoto de *Anastácia*. A nova fornada de capítulos começava com a rubrica "vinte anos depois". Rosa Malena e o capitão Sandro – o par romântico da primeira parte da novela – ganhavam filhos, Tarcísio e Glória passavam a interpretar dois papéis cada um, o elenco de *Véu de noiva* era aproveitado na segunda parte e *Rosa rebelde* ficou mais quatro meses em cartaz.

A esta altura, Glória Magadan já não estava na estação. Suas idéias tinham fracassado com os trabalhos que sucederam *O homem proibido* e *Sangue e areia.* Magadan tinha resolvido trocar os casais românticos. Yoná Magalhães contracenaria com Tarcísio Meira em *A gata de vison* e Glória Menezes faria par com Carlos Alberto em *Passo dos Ventos.* Magadan escreveria a primeira para as 8 da noite, aproveitando a boa audiência deixada por *Sangue e areia,* e Janete cuidaria da outra. Não deu certo. Tarcísio largou a novela no meio. Daniel Filho, novo diretor das novelas da Globo, queria experimentar temas mais arejados. Sérgio Cardoso, que tinha estourado na TV Tupi com *Antônio Maria,* fora contratado pela casa contra a vontade de Magadan. Mais importante ainda: *Beto Rockefeller,* de Bráulio Pedroso, também exibida pela Tupi, caíra no gosto do público com um roteiro urbano, contemporâneo, dando um sinal de que aquelas aventuras românticas e fantasiosas da Globo talvez estivessem saindo de moda. A "rainha suprema", a "mandatária", a "soberana", qualificativos com que Janete costumava se referir a Glória Magadan, não tinha mais lugar. Começava um novo reinado.

Encerrada, definitivamente, *Rosa rebelde,* a Globo estreou *Véu de noiva.* "Só gosto do meu trabalho, inteiramente, depois que fiz *Véu de noiva,* com Daniel Filho dirigindo. Acho que ele marcou época inovando, desde então, as novelas de televisão", revelou Janete numa entrevista de 1974.

"Para falar a verdade, comecei a gostar de fazer novela com *Véu de noiva,* conta Daniel em sua autobiografia, *Antes que me esqueçam.* O que havia de diferente na produção? Bem, *Véu de noiva,* na verdade, possuía um enredo muito tradicional e Janete nada mais fez do que atualizar outro de seus sucessos do rádio, *Vende-se um véu de noiva.* A novela lançava um novo par romântico – Cláudio Marzo e Regina Duarte, iniciando sua trajetória de namoradinha do Brasil – que vivia a mais manjada das situações. Regina interpretava a mocinha ingênua que criava o filho ilegítimo de sua irmã. A ação chegava ao clímax quando as duas disputavam na Justiça a posse da criança. Além de lutar pelo bebê, Regina precisava brigar pelo namorado sempre às voltas com outra mulher – Irene, interpretada por Betty Faria – mais liberada e sensual, como acontece em qualquer triângulo amoroso. A diferença era que, bafejada pelos ares renovadores de *Beto Rockefeller*, a Globo também queria modernizar suas histórias ou, como garantia a propaganda da época, fazer "uma novela onde tudo acontece como na vida real".

Para não haver dúvidas de que os duques, arquiduques e barões das novelas anteriores estavam enterrados, Janete transformou seu galã num piloto de Fórmula 1. Com Emerson Fittipaldi iniciando sua carreira européia, não podia haver nada mais moderno na ficção da TV. Pela primeira vez, também, utilizava-se uma trilha sonora especialmente para a novela. Quando os personagens pobres apareciam no vídeo, ouvia-se *Gente humilde*, de Vinicius de Moraes, Chico Buarque e Garoto. A entrada da personagem abilolada de Betty Faria era anunciada pela canção *Irene*, de Caetano Veloso. O mundo de corredores secretos, masmorras, calabouços, galeões espanhóis de Glória Magadan foi substituído por imagens de um Rio de Janeiro luminoso, casas de campo em Petrópolis, autódromos movimentados. Hoje, isso tudo pode parecer banal. Mas em 1969 era moderníssimo.

Com a dobradinha Janete/Daniel, a Globo encontrava a linguagem que marcaria, daí por diante, toda a sua produção de novelas. O sucesso de *Véu de noiva* deu a partida para que a estação conquistasse de uma vez por todas a liderança de audiência no país. Mas a novela das oito virou mesmo mania nacional na atração seguinte,

Irmãos Coragem. A saga dos irmãos João (Tarcísio Meira), Duda (Cláudio Marzo) e Jerônimo (Cláudio Cavalcanti) contra a opressão na fictícia cidade de Coroado conquistou uma proeza no país do futebol. O capítulo exibido na noite de 22 de junho de 1970 obteve mais audiência que a principal atração da Globo programada para a véspera. Para ser mais explícito, o episódio de *Irmãos Coragem* daquela segunda-feira deu um banho de audiência no jogo entre as seleções de futebol do Brasil e da Itália que, no domingo, disputavam a partida final da Copa do Mundo do México.

Em *Selva de pedra*, dois anos depois, Janete provaria, de novo, sua praticidade, capacidade de trabalho e um jeito especial para livrar a Globo de problemas. A novela era evidentemente inspirada no romance *Uma tragédia americana*, de Theodore Dreiser, já adaptado duas vezes pelo cinema americano. Na televisão brasileira de 1972, Francisco Cuoco, Regina Duarte e Dina Sfat passavam pela mesma situação vivida nas telas, em 1931, por Philips Holmes, Sylvia Sidney e Frances Dee, em *Uma tragédia americana*, de Josef von Sternberg; e em 1951, por Montgomery Clift, Shelley Winters e Elizabeth Taylor, em *Um lugar ao sol*, de George Stevens. No livro e no cinema, um jovem ambicioso e pobre engravida uma operária, enquanto tenta a escalada social na fábrica de um tio poderoso. No ambiente do tio, apaixona-se e é correspondido por uma moça rica. Acredita que a felicidade pode estar no casamento, mas o que fazer com a moça grávida? Planeja, então, o assassinato da primeira namorada, arrepende-se na última hora, mas é tarde demais. Acaba na cadeira elétrica.

Janete pegou esta trama básica e imaginou a bigamia de seu anti-herói. Cristiano (Cuoco) casa-se com a pobre Simone (Regina), para depois apaixonar-se pela milionária Fernanda (Dina). Encomenda um acidente de carro em que sua mulher morre. Livre, leva Fernanda ao altar. Mas para a novela seguir em frente, o acidente não seria fatal. Embora Cristiano julgasse a mulher morta, Simone sobreviveria, partiria para a Europa e, alguns capítulos depois, voltaria ao Brasil, fazendo-se passar por outra pessoa – Rosana Reis –, dando início a uma vingança cruel. Mesmo sem o seu conhecimento, Cristiano seria bígamo durante metade da novela. Janete já tinha escrito 22 capítulos com a bigamia concretizada, quando a Globo recebeu más notícias de Brasília. A Censura tinha proibido a exibição de todos os capítulos escritos após a "morte" de Simone. Bigamia na novela das oito, nem pensar.

Num sábado, às 10 da manhã, Janete foi convocada para uma reunião na emissora. Toda a diretoria da estação estava presente. Daniel Filho, diretor da novela, arrancava os cabelos. Ninguém tinha coragem de dizer para a novelista o que tinha acontecido. A gravação de um dos novos capítulos já estava marcada para dois dias depois. E a Censura não tinha deixado nada para se gravar. Janete chegou, recebeu a notícia e ficou impassível. Todos falavam ao mesmo tempo. Todos sugeriam as idéias mais estapafúrdias. Até que o produtor da novela, Fábio Sabag, tomou a iniciativa mais coerente da reunião: deu a palavra a Janete.

– Vocês querem os novos capítulos para quando? – ela indagou.

– Segunda-feira – respondeu Sabag.

– Deixa comigo.

No dia marcado, a Globo recebeu sete novos capítulos de *Selva de pedra*. Em pouco mais de uma semana, já estava tudo nos eixos outra vez. "Ela reformulou toda a novela", contou Sabag, surpreendido, no Museu da Imagem e do Som. "Na verdade, começou a escrever uma novela nova, com uma categoria incrível." Na nova versão de *Selva de pedra,* Cristiano não aparece na igreja no dia do segundo casamento. Fernanda não consegue esquecer a humilhação de ter sido abandonada no altar e, a partir daí, duas mulheres passam a vingar-se do pobre galã. A trama escrita com a colaboração da Censura atingiu números de audiência aparentemente impossíveis. Durante a exibição do capítulo 152, a noite em que Rosana Reis seria desmascarada, o índice de aparelhos de TV sintonizados na novela chegou à marca dos 100%. Não houve um único entrevistado do Ibope que revelasse estar assistindo a outro canal. *Selva de pedra* tornou-se um sucesso tão grande que voltou ao ar – sempre no horário das oito – mais duas vezes: numa versão compactada em 1975 e, regravada com outro elenco, em 1986.

Apesar da série de sucessos de Janete Clair às 8 da noite, a Globo, em 1975, estava pronta para tentar novas experiências no horário. Depois, de *Selva de pedra,* Janete escreveu *O semideus,* uma novela feita às pressas para substituir uma outra que a Censura não tinha deixado ir ao ar, *Fogo sobre terra.* Depois de *O semideus,* feitas algumas adaptações para agradar aos censores, foi a vez de *Fogo sobre terra.* Nenhuma das duas pode ser considerada um fracasso de audiência. No Rio, *O semideus* obteve uma média de 73% de aparelhos de TV ligados em sua trama e *Fogo sobre terra* chegou a 74%. Não são recordes apenas se comparados com os índices que a novela das 8 conquistou nos anos 90, quando a marca dos 50% já é vista como um trunfo. São índices excelentes mesmo se comparados com a audiência da época, cuja média costumava beirar os 80%. No entanto, foram dois trabalhos que não caíram no gosto da crítica. Janete começava a ser rejeitada pelo excesso de fantasia de seus textos, pelas coincidências absurdas que recheavam suas tramas, pelo romantismo exacerbado com que desenvolvia um enredo. Nada muito diferente do que tinha eliminado Glória Magadan da folha de pagamentos da Globo. E, para a emissora, o exemplo do que um bom autor de novelas podia ser estava na própria casa de Janete: Dias Gomes.

Ele também vinha de uma série de sucessos às 10 da noite, como *Bandeira dois* e *O bem amado*. Seu estilo era o oposto do da mulher. Enquanto as novelas das oito se encharcavam de romantismo, as da 10 traziam o realismo para a TV brasileira. O universo dos bicheiros no Rio de Janeiro ou dos coronéis do interior da Bahia alcançava menos audiência que a fantasia desbragada de Janete, mas tinha muita repercussão e agradava em cheio a crítica. Quem sabe se, transportando esta temática para as 8 da noite, a Globo não uniria o sucesso de público ao respeito dos críticos? Dias foi convocado para escrever a novela que renovaria, mais uma vez, os ares de 8 da noite. O destino de Janete não seria tão radical quanto o que a emissora reservou para Glória Magadan. Bastava transferi-la para o horário mais água-com-açúcar das 19 horas.

"Ela ficou magoada. Achou que tinha sido rebaixada e nunca engoliu essa mudança", revela o próprio Dias Gomes. Para o novo horário, Janete escreveu *Bravo*, uma fantasia romântica em que Carlos Alberto interpretava um maestro com problemas na vida afetiva e na educação da filha rebelde. Enquanto isso, Dias preparava *A fabulosa história de Roque Santeiro e sua fogosa viúva Porcina, a que era sem nunca ter sido*, uma fábula brasileiríssima adaptada de *O berço do herói*, uma peça teatral que ele escrevera em 1965. Não era a primeira vez que Dias usava seu currículo de teatro para criar novelas de TV. *O bem amado* tinha nascido na comédia *Odorico, o bem amado* e em *Bandeira dois* vários personagens foram tirados de outra de suas peças, *A invasão*. A novidade é que *O berço do herói* nunca estivera em cartaz. Contando a história de um cabo da Força Expedicionária Brasileira que deserta e, por engano, é considerado herói de guerra, a Censura não deixara o texto ser encenado, alegando que ele denegria a carreira militar. Havia mesmo um general, Amaury Kruel, que ameaçara Dias dizendo que "esta peça jamais será representada enquanto nós formos o poder". Comandante do II Exército, o general Kruel tinha sido um dos pracinhas brasileiros da FEB. Ele não gostava nem um pouco de *O berço do herói*. Dias tirou todas as fardas de sua história e, acreditando que o Exército não tinha mais razões para se incomodar, adaptou-a para a televisão.

A sinopse estava em Brasília, quando o autor recebeu um telefonema do amigo Nelson Werneck Sodré. Como é hábito em telefonemas entre amigos, a conversa era um papo furado.

– O que é que você está fazendo? – quis saber Werneck.

– Uma pequena sacanagem – respondeu Dias. – Estou adaptando *O berço do herói* para a TV.

– Mas a Censura vai deixar passar?

– Não tem mais o cabo. Assim passa. Esses militares são muito burros.

Como também era hábito, o telefone de Nelson Werneck Sodré estava grampeado. A conversa foi gravada, a Censura entendeu as intenções de Dias, os militares voltaram a se sentir atingidos e a sinopse nunca foi oficialmente liberada. Nem proibida. A Globo começou a receber recados, sempre verbais, sobre a situação da novela. Não podia ser às 8 da noite. E Dias continuava a escrever. Talvez não seja aprovada. E os capítulos começaram a ser gravados. A Globo acreditava que a situação seria resolvida. Na verdade, a equipe da novela apostava que, mais cedo ou mais tarde, o dono da emissora, o empresário Roberto Marinho, conseguiria a liberação com o próprio ministro da Justiça, Armando Falcão, seu amigo pessoal. Dias Gomes só percebeu que a situação estava mesmo difícil quando soube, poucos dias antes da estréia, que Falcão não estava atendendo aos telefonemas de Marinho. Só no dia da estréia, com 51 capítulos já escritos e 20 devidamente gravados, chegou a proibição formal: *Roque Santeiro* estava impedida de ser exibida, em qualquer horário, em todo o território nacional. Enquanto resolvia o que fazer, a Globo botou no ar a versão reduzida de *Selva de pedra* e enviou para a Censura três novas sinopses: a adaptação de dois romances – um de Érico Verissimo, outro de José Lins do Rego – e uma nova novela de Dias. A resposta da Censura veio rápida: "Por favor, tirem a sinopse do Dias Gomes para a gente não ter que proibir de novo." Favor feito, foi a vez de os trabalhos de Érico e Lins do Rego também serem censurados.

Ao mesmo tempo em que a estação saía em busca de novas sinopses, Janete Clair armava em casa a solução. Decepcionada com suas novas funções às 7 da noite, ela estava pronta para dar a volta por cima. "A novela das 8 não vai sair aqui de casa. Eu vou escrever. Nós não vamos perder esse horário", disse ela ao marido. "Ela era uma leoa. E muito ciumenta do horário das 8. Tinha encontrado uma maneira de largar a novela das 7", constatou Dias. Janete passou *Bravo* para as mãos de Gilberto Braga e escreveu em tempo recorde a sinopse de *Pecado capital*. Era um trabalho quase mágico: além de se transferir para o universo de Dias Gomes (não era isso que a Globo queria?), ela utilizava o mesmo número de personagens de *Roque Santeiro* e previa papéis principais para os atores principais de *Roque* e papéis secundários para os personagens secundários da novela do marido. *Pecado capital*, finalmente, mostrava uma Janete com preocupações sociais. No primeiro capítulo, um motorista de táxi recebia um ladrão como passageiro. No meio do percurso, o bandido era preso pela polícia, mas deixava em seu carro uma pequena fortuna roubada de um banco. Carlão (Francisco Cuoco), o motorista, passava o resto da trama debatendo-se entre usar ou não aquele dinheiro. Isso tudo cercado por uma penca de personagens do subúrbio carioca, que transitavam tão bem por este mundo quanto os criados por Dias Gomes em *Bandeira dois.* A novela era tão boa que muita gente até hoje acredita que, na verdade, tenha sido escrita por Dias. Uma injustiça com Janete.

"Com a expectativa que *Roque Santeiro* criou, a responsabilidade de escrever sua substituta era muito grande", revelou a autora no depoimento do MIS. "Mudei meu gênero. Não fiz *Pecado capital* para imitar o Dias, mas, pelo menos, para me igualar um pouco no estilo dele. Levei meu romantismo para o lado realista. Parece que, de *Pecado capital* em diante, eu dei uma melhorada." Melhorou tanto que a Globo nunca mais teve coragem de rebaixá-la para as 7. As cinco novelas seguintes de Janete foram exibidas no mais tradicional horário da emissora e, para o resto da vida, ela foi, como registrou uma capa de revista na edição dedicada a sua morte, a "nossa senhora das oito".

Bravo!

Janete Clair tinha lá os seus segredos para ser sempre uma campeã de audiência. Durante um tempo, parecia que a Globo não conseguiria outro autor que soubesse dosar as medidas exatas de aventura e emoção que prendessem a atenção do país no seu horário mais nobre. Janete chegou mesmo a escrever sete novelas seguidas. Com *Sangue e areia*, *Passo dos Ventos*, *Rosa rebelde*, *Véu de noiva*, *Irmãos Coragem*, *O homem que deve morrer* e *Selva de pedra*, ela manteve seus textos no ar, ininterruptamente, de 5 de fevereiro de 1968 a 23 de janeiro de 1973. Foram cinco anos sem férias, escrevendo um capítulo por dia – ou 20 laudas de 40 linhas a cada 24 horas. E isso numa época em que os novelistas escreviam sozinhos. Nada parecido com o esquema de hoje, quando o escritor é auxiliado por dois e até três roteiristas e sempre descansa, pelo menos, um ano antes de se responsabilizar por outra história.

Há quem diga que a dedicação total de Janete ao trabalho tenha sido a maneira que ela encontrou para esquecer uma tragédia pessoal que a pegou de surpresa. Em 1968, parecia que tudo ia bem no lar dos Dias Gomes. Janete estava contratada pela Globo. Dias também se preparava para entrar na emissora e seguir uma carreira de novelista. O dinheiro já dava para largar a casa alugada da Saturnino de Brito e comprar outra, de dois andares, na Rua Resedá, também na Lagoa. Mas o destino pregou uma peça nos dois – uma peça tão absurda que nem Janete, no dia de seus maiores delírios, seria capaz de escrever para ser vivida por um de seus personagens. Marcos, o filho mais moço, tinha uma problema cardíaco desconhecido pela família. Durante um ataque de bronquite, ingeriu um remédio que lhe fez mal ao coração. Ninguém entendeu direito o que estava acontecendo. Hospitalizado, ele morreu pouco mais de 48 horas depois. Aos três anos de idade. "Eu vi minha mãe enlouquecer", relata Denise. "E a partir daí, ela trabalhou sem parar. Não saía da frente da máquina de escrever."

Foi nessa época que Janete iniciou a contagem das sete novelas seguidas. E seu desempenho parece mais fenomenal ainda quando se sabe que, no período em que escrevia os últimos capítulos de *Passo dos Ventos* e os primeiros de *Rosa rebelde*, encontrou tempo para ajudar o amigo Daniel Filho, que passava um período de exílio global, tentando dirigir a já decadente TV Rio. Estava na hora de retribuir o favor por ele ter conseguido a aproximação com Gloria Magadan. Escondida da Globo, ela elaborou a trama de *Acorrentados* para ser exibida na emissora concorrente.

Acorrentados é um dos trabalhos mais obscuros de Janete. Tinha um enredo mirabolante. "Passava-se na Jamaica", conta o ator Leonardo Villar. "Eu interpretava um guerrilheiro que buscava refúgio num convento onde vivia uma freirinha que era a Leila Diniz..." Leila Diniz de freirinha? Bem, Janete não tinha nada a ver com a escalação do elenco. Leila era a irmã Amparo de Fátima. Violentada pelo guerrilheiro, ficava grávida, vinha a ser expulsa do convento e desenvolvia uma relação de amor e ódio com seu algoz. Daniel conseguiu reunir um bom elenco do qual faziam parte duas atrizes que ainda iriam ter muito sucesso com outros personagens de Janete: Betty Faria e Dina Sfat. Até hoje não se sabe o destino da pobre irmã Amparo de Fátima. A TV Rio começou a atrasar os pagamentos, alguns atores abandonaram as gravações, Daniel foi recontratado pela Globo e a novela nunca chegou ao fim. Mas quem conhece a fidelidade de Janete ao final feliz pode imaginar que ela estava reservando um último capítulo cheio de alegrias para a freira e seu estuprador, certamente arrependido e regenerado.

Essa escritora obsessiva garantia a hegemonia de audiência da Globo, mantendo a liderança no horário vital de 8 da noite. Papel semelhante desempenhava Dias Gomes no horário das 10. Era a dobradinha perfeita para a programação da estação ancorada numa novela às 7 da noite, um telejornal, outra novela às 8, um show ou uma série filmada, mais uma novela às 10. E se a Globo investisse num novo novelista – afinal, alguém tinha que preencher o horário das 7 –, era Janete quem o auxiliava, revelando os truques que a transformaram na melhor autora do gênero.

Em 1974, o investimento da Globo era o crítico teatral e professor de francês Gilberto Braga Tumscitz. Aos 27 anos, o mais jovem autor de novelas da casa abandonou o sobrenome de origem austríaca e de difícil pronúncia, ganhou a parceria de um colega mais experiente (Lauro César Muniz) e recebeu a incumbência de se responsabilizar pelos 130 capítulos de *A corrida do ouro*, a nova atração das 7. *A corrida do ouro* reproduzia na TV o esquema das comédias sofisticadas do cinema americano dos anos 30 e 40. Cinco mulheres recebiam, inesperadamente, uma herança de 15.000 cruzeiros (uma fortuna em 74!). Mas só teriam direito a ela se cumprissem os desejos do milionário excêntrico que as escolheu como herdeiras. Todas as cláusulas do testamento contrariavam a personalidade das moças. Assim, uma delas, atriz, deveria abandonar a carreira; outra, que morava no exterior há 20 anos, precisava fixar residência no Brasil; a terceira tinha que se casar com um homem que não amava... Os obstáculos que cada uma encontrava para cumprir o testamento forneciam os ganchos da novela. Com os musicais da Metro e as comédias da Fox na cabeça, Gilberto Braga buscou todos os seus conhecimentos de cinéfilo para dar conta do recado. Mas, principalmente, usou e abusou da paciência de Janete Clair.

De roteiro para TV, Gilberto só tinha no currículo cinco programas para a série "Caso especial": *Dama das camélias 73* (inspirado na obra de Alexandre Dumas), *O preço de cada um* (baseado em *O misantropo*, de Molière), *Mulher* (baseado em *Casa de boneca*, de Ibsen), *As praias desertas* e *Feliz na ilusão*. Eram três adaptações e dois originais, todos para serem exibidos em apenas 45 minutos. Uma tarefa bem diferente da de manter o interesse do espectador, por meia hora, todos os dias, durante seis meses seguidos. Na mesma época, Janete tinha sua própria novela no ar – *Fogo sobre terra*. Nem por isso, deixava de bater, diariamente, longos papos telefônicos com Gilberto e também mantinha com ele um encontro semanal para discutir o desenvolvimento da história de *A corrida do ouro*. Janete passou a Gilberto, por exemplo, seu esquema de trabalho. Todas as noites, ela não dormia sem ter rascunhado um esqueleto do capítulo que escreveria no dia seguinte. Quando acordava, em torno de 7h30 da manhã, ia para a máquina de escrever logo depois de tomar café, já sabendo todas as cenas que passaria para o papel. Pouco depois do meio dia, o capítulo estava pronto. Com pequenas alterações – trocando o horário de 7h30 da manhã pelo de 2 da tarde, pois ele nunca foi muito madrugador –, Gilberto Braga seguiu a mesma rotina em seus primeiros trabalhos.

O tipo de palpite que Janete dava a Gilberto sugere o estilo de sua obra. A certa altura da novela, ele não estava satisfeito com as cenas que escrevia para os personagens de Renata Sorrah e José Augusto Branco. Ela interpretava a tal herdeira que precisava se casar sem amor; ele, o noivo desprezado. Cada vez que entravam no ar, a cena era sempre a mesma: o galã demonstrava seu amor, a mocinha o rejeitava. Os atores achavam chato, o público achava muito chato, Gilberto Braga achava chatíssimo. Quando soube do problema, Janete não pensou duas vezes: "Troca. Faz com que ele deixe de gostar dela e ela se apaixone desesperadamente por ele." Gilberto achou a idéia tão absurda que nem retrucou. Mas seguiu o conselho. E não é que deu certo?

Um espectador mais crítico poderia achar incoerente a mudança brusca da personalidade dos personagens. Não era para esta minoria que Janete escrevia. "Quando sento na máquina para escrever meus capítulos, não há censura ou limitação, de espécie alguma, à criação. Não me policio, não tenho medo do ridículo, porque reajo muito como público", disse ela numa entrevista em 1977. A pesquisadora Marília Garcia, que costumava lhe fornecer material para dar verossimilhança às ações de seus personagens, às vezes reclamava de uma ou outra situação criada pela autora. Janete nem parava para refletir. "Meu problema é inventar", explicava. "O seu é tornar minhas invenções plausíveis."

Quatro anos depois de *A corrida do ouro*, Gilberto

Braga já tinha escrito mais quatro novelas, entre elas, aquela que veio a se tornar o maior sucesso de exportação da Globo: *Escrava Isaura*. Estava sendo escalado para estrear no horário das 8 com *Dancin'Days*, o trabalho que o consagraria definitivamente. Mesmo assim – ou talvez por isso mesmo –, ainda achava importante ouvir os conselhos de Janete. Ela leu os primeiros 20 capítulos de *Dancin'Days*, que já estavam até gravados, e percebeu uma falha. O casal de protagonistas – Júlia (Sônia Braga) e Cacá (Antônio Fagundes) – demorava muito para se conhecer. Na novela janetiana, o par romântico deve trocar um beijo até o capítulo 16, ou o público não se agarra à trama. Gilberto acreditou e escreveu uma nova cena em que, no final da terceira semana de novela no ar, Júlia e Cacá tinham um encontro casual que, quase inexplicavelmente, terminava em beijo. Demoravam para se encontrar outra vez, mas o marco do capítulo 16 estava superado. O que já tinha sido gravado foi reeditado, a cena incluída e a audiência conquistada para sempre. O respeito de Gilberto Braga por Janete Clair foi explicitado quando, em 1980, ao escrever *Água viva*, um de seus trabalhos mais bem-sucedidos, ele batizou um personagem com o nome da mestra: a Janete da novela foi interpretada por Lucélia Santos.

Janete Clair dizia que a fórmula ideal de uma boa novela incluía amor, aventura, morte e suspense. Mas ensinava que não se podia abusar de nenhum destes ingredientes. "Sei até onde o público suporta uma emoção e é essa medida exata que tem me ajudado", orgulhava-se. Mas não era só isso. Ela não escrevia cenas longas demais. Também não gostava de cenas muito curtas. Tinha consciência de que um impacto no enredo carregava sempre seus limites. Até onde este impacto pode ser explorado? Ela mesmo respondia: "Não mais do que em três capítulos." Outra receita janetiana: "O drama tem que ser entremeado com o riso. Nunca se deve chocar numa cena sem ter dado uma oportunidade para o público respirar na cena anterior."

É por isso que Janete torcia o nariz quando atribuíam sua capacidade de trabalho exclusivamente à intuição. "Todos falam do sucesso das minhas novelas e tentam explicá-lo como decorrente do que seria uma vocação intuitiva para o metiê", reclamava na mesma entrevista de 77. "Não resta dúvida de que este é um fator relevante, mas acho que o segredo mesmo é a emoção e o amor com que me entrego ao trabalho."

Intuição, emoção e amor seriam o segredo da fórmula de Janete Clair. Mas não basta incorporar a qualquer personalidade estas três características para se criar um escritor de novelas tão bom quanto ela. Intuição, emoção e amor não funcionariam tão bem se Janete não juntasse a esses três itens um total domínio da técnica de escrever histórias serializadas para a TV. Foi sempre assim, desde sua primeira obra para o veículo. Quando entregou na TV Tupi os primeiros capítulos de *O acusador*, ela surpreendeu o produtor Fábio Sabag. Até aquele dia, as novelas de TV se limitavam a apresentar cenas em dois ambientes, sempre entre quatro paredes. Cada capítulo de Janete se passava em seis, oito cenários e com a sugestão de tomadas externas. Era uma experiência que aproximava a novela do roteiro cinematográfico e a afastava da monotonia do rádio. Os personagens pararam de narrar suas aventuras e passaram a vivê-las. Janete Clair trouxe ação ao gênero. "Se me pedirem uma novela psicológica e personagens com problemas interiores, não sei fazer. Mas sei colocar na ação dos meus personagens os problemas psicológicos e interiores", ela costumava dizer.

Se ainda não havia uma técnica para se escrever telenovelas, Janete Clair estava pronta para inventá-la. Quando as novelas começaram a ficar muito longas, com mais de 100 capítulos, ela percebeu que a fórmula empregada até então de seguir durante toda a história o destino dos personagens principais não era eficiente para manter a atenção do espectador por tanto tempo. Criou, então, em 1969, as tramas paralelas que garantiram, durante oito meses seguidos, o primeiro lugar em audiência para *Véu de noiva*. Quando o espectador se cansava de torcer para Cláudio Marzo e Regina Duarte terem um final feliz, ela botava em primeiro plano a gravidez indesejada de um outro personagem, um rapto na casa do vizinho, a luta contra o alcoolismo de uma amiga da heroína. Quando o público começava a sentir saudades do par romântico, eles voltavam à cena com fôlego renovado para, pelo menos, mais dois meses.

Logo após *Véu de noiva*, ela radicalizou este estilo e deu um golpe de mestre. *Irmãos Coragem* foi a mais longa de todas as suas novelas: 328 capítulos que foram ao ar por mais de um ano. Janete criou três personagens principais – os irmãos do título – e, praticamente, três novelas diferentes. A luta de João Coragem para recuperar um diamante roubado; o drama de Jerônimo Coragem que se apaixonou por uma índia que, tudo indicava, era sua irmã; o desafio de Duda Coragem para vencer na cidade grande como jogador de futebol. A trajetória de cada personagem era rica o bastante para render três novelas. Janete as juntou numa só e enfrentou, sem problemas, a tarefa de manter uma única novela no ar entre 29 de junho de 1970 e 15 de julho de 1971.

Irmãos Coragem foi uma exceção. Naqueles tempos, uma novela das 8 durava, geralmente, de seis a oito meses, com uma média de capítulos variando entre 120 e

200. A pressão industrial impôs este formato. Uma novela precisa ficar três meses no ar para pagar seu custo de produção. O resto é o lucro exigido pela emissora. Janete logo percebeu que, mesmo com as tramas paralelas ou com o truque das três novelas numa só, dificilmente um roteiro bem construído resiste a tanto tempo. Depois de três ou quatro meses, ela tinha a impressão de já ter contado tudo que queria. Inventou, então, uma artimanha que passou a ser imitada por todos os concorrentes: a virada do capítulo 80. A esta altura, ela encerra praticamente todos os conflitos e cria novos, passando a escrever o que pode ser considerado uma nova novela. Foi assim com outro de seus grandes sucessos: *Selva de pedra*. Até o capítulo 80, a novela seguia o triângulo amoroso formado por Cristiano, Simone e Fernanda. É justamente neste capítulo que deveria acontecer o casamento que a Censura não deixou ser concretizado. De qualquer maneira, Janete encerrou o triângulo amoroso nesta ocasião. A partir do capítulo 81, a intriga de *Selva de pedra* transforma-se na vingança de Fernanda. Se a Censura não tivesse mudado os rumos da trama, a novela mostraria a vingança de Simone. Com casamento ou sem casamento, Janete preparou uma virada que lhe garantia mais 80 capítulos sem problemas de inspiração.

Mas quem disse que Janete tinha problemas de inspiração? “Quando dizem que os autores de novela, ao terminaram seu trabalho, estão estressados, esfalfados, que não agüentam mais, que tiveram ameaça de enfarte, crises de inspiração, eu não entendo. Eu nunca passei por isso”, revelou Janete em seu depoimento no MIS. Juntando um caso e outro, lendo algumas entrevistas, pesquisando em seus roteiros, é possível, então, determinar o que seriam os 10 mandamentos de Janete Clair para escrever uma boa novela:

1. Misturar amor, aventura, morte e suspense, mas sem doses exageradas de nenhum destes ingredientes;
2. O galã deve dar o primeiro beijo na mocinha até o capítulo 16. Se o par romântico não troca um beijo até o final da terceira semana no ar, o público não se agarra à trama.
3. Nada de cenas muito longas. O espectador se entedia.
4. Nem de cenas muito curtas. O espectador se confunde.
5. O drama precisa ser entremeado com o riso.
6. Evitar as cenas com personagens expondo problemas psicológicos. Substituí-las por ação.
7. Um impacto na trama não sobrevive a mais que três capítulos.
8. Quase todos os conflitos dramáticos são resolvidos por volta do capítulo 80. A partir daí, novos conflitos devem ser criados para sustentarem mais 80 capítulos de novela.
9. Ao escrever uma cena de amor, não se pode ter medo de ser ridículo. Se o que veio à cabeça foi o galã dizendo à heroína "Eu tirei você da lama", passe para o papel. Janete usou a frase em "Duas vidas" e deu supercerto.
10. Criar um final feliz.

É fácil, então, fazer uma novela no estilo das de Janete Clair? Nem tanto. Como se sabe, uma novela vive de ganchos, o suspense no final de cada capítulo que desperta a curiosidade do espectador trazendo-o de volta à TV no dia seguinte. É difícil inventar um gancho por dia. Pois Janete era tão perfeccionista que se dava ao luxo de criar ganchos antes da entrada de cada intervalo publicitário. Isso significa a criação de três ganchos para cada noite. Ela queria o espectador preso a seu texto durante todo o capítulo. Outro truque? Bem, por superstição, ela nunca assistia a nenhuma estréia de qualquer de seus trabalhos sem examinar a roupa que estava usando para que nenhuma peça estivesse do lado avesso. Mas quem imitá-la nesta questão certamente não obterá nenhum ganho dramatúrgico. Então mais uma mania: ela exigia que Dias Gomes escrevesse sempre um diálogo ou uma cena inteira em cada primeiro capítulo de suas novelas. E repetia a exigência na hora de escrever o último capítulo. Outra providência inútil para um eventual seguidor de seu estilo: não é qualquer novelista que pode ter um Dias Gomes disponível em casa. A todos estes truques, ela ainda acrescentava um seguro conhecimento do gosto popular que talvez nenhum outro autor tenha alcançado até hoje. Uma prova deste dom pôde ser constatada por Ferreira Gullar. Em 1978, o poeta maranhense prestava uma colaboração luxuosa e informal a Dias Gomes, que escrevia *Sinal de alerta* para o horário das 10. Era uma novela ousada. Tratava, pela primeira vez na televisão, dos problemas da poluição ambiental com seus personagens transitando por uma vila operária numa cidade com ares de Cubatão. Certa noite, Dias e Gullar discutiam o destino de um personagem. Era uma líder operária casada que, para a história seguir em frente, teria que viver um caso de amor com um colega da fábrica. Gullar não gostava da solução. A mulher tinha sido apresentada até então como um personagem honestíssimo, fiel ao marido. Não havia coerência na planejada traição. Com lógica cartesiana, ele tentava evitar que Dias escrevesse a cena. “Você não pode fazer isso porque não é plausível”, argumentava. De um canto da sala, Janete resolveu se intrometer. “Não é plausível, mas ia ser lindo”, ensinou. “O que é que vocês estão pensando? Mandem o realismo à merda. Ela deve ter o caso e, além de tudo, ficar grávida. O público vai adorar.” A Gullar só sobrou a possibilidade de rendição. "Ela tem toda a razão", admitiu o poeta, liberando Dias do compromisso com a lógica. "Nós somos dois míseros realistas. Janete Clair é a verdadeira artista."

Uma mulher contra o mundo inteiro

Janete Clair nunca perdia uma oportunidade de revelar que aprendera muito no início da carreira com Cacilda Becker. É difícil acreditar. Quatro anos mais velha que Janete, Cacilda teve uma infância parecida com a dela. Também nasceu numa cidade do interior (Piraçununga, em São Paulo), onde seu pai, assim como o de Janete, possuía um armazém de secos e molhados. Cacilda também era uma criança quando os pais se separaram e, por fim, iniciou-se na vida artística numa atividade completamente diferente daquela em que se destacaria. Janete fazia imitações e cantava, Cacilda dançava. Mas quando o destino das duas se cruzou na Difusora, Janete sabia muito mais de rádio do que Cacilda. Pelo menos, tinha a vivência dos programas da Rádio Hertz, onde se exibia em Franca como criança-prodígio. Cacilda só contava com uma mal sucedida experiência de três anos de teatro no Rio de Janeiro. Sem se destacar como atriz e sem conseguir se sustentar, ela voltou para São Paulo, onde foi trabalhar como caixa de um escritório de seguros. Logo descobriu que poderia ganhar um salário melhor como locutora de rádio e, na mesma época de Janete, passou num teste da Difusora.

"Eu tive muita aula de dicção e postura de voz com Cacilda Becker", insistia Janete. No rádio, Cacilda apresentava um programa com adaptações da História do Brasil para crianças. Ficou lá por mais ou menos um ano até voltar de vez para o teatro e, aí sim, desenvolver sua carreira, tornando-se uma das maiores atrizes que o país conheceu. Enquanto foi locutora, porém, Cacilda Becker era tão inexperiente quanto Janete Clair. É mais fácil acreditar que as duas tenham se ajudado a decifrar os segredos daquela profissão. Mas depois, Cacilda conquistou o que Janete nunca teve: o respeito da crítica. Cada vez que se referia a seu "aprendizado" com Cacilda, Janete talvez estivesse buscando para sua formação profissional um verniz intelectual que sempre lhe foi negado.

Desde a primeira novela de rádio, Janete teve o que todo artista procura: a adesão do público a sua obra. Na televisão não foi diferente. Não se conhece nenhum fracasso de Janete Clair. Mas se a crítica ignorava sua passagem pelo rádio – como se aquelas novelas fossem mesmo um trabalho menor, feitas apenas para acompanhar o dia-a-dia doméstico das donas de casa, além de vender sabonetes, é claro –, na televisão ela começou a ser vigiada. Afinal, era sempre dela o programa de maior audiência do país e a novela das oito era capaz de influenciar toda a população, impondo hábitos, mudando costumes, fazendo cabeças.

Os mesmos motivos que levavam o público a adorar as novelas de Janete Clair faziam os críticos rejeitá-las. Doses exageradas de romantismo, nenhuma concessão ao realismo, excesso de escapismo. Não era o que a classe intelectual esperava de um artista sob o tacão da ditadura. Podia-se sempre argumentar que novela era assim mesmo. Mas os companheiros de Janete na Globo faziam exatamente o contrário. Havia Bráulio Pedroso e sua crítica aguda aos costumes das classes mais privilegiadas (*O cafona*), havia Lauro César Muniz e a abordagem de temas polêmicos como a eutanásia e o poder das multinacionais (*Os gigantes*), havia Jorge Andrade e seus dramas psicológicos (*O grito*), e havia, principalmente, Dias Gomes com indisfarçáveis indiretas à situação do país na época (*O bem amado*, *Saramandaia*). Na comparação, Janete fazia mais sucesso. Mas a que preço, cobrava a crítica.

Ela reagia desprezando os críticos e pondo seu público contra eles. "Tudo que eu quero é contar uma boa história. De uma maneira simples, direta, popular. Minha responsabilidade, meu compromisso é com o grande público. Escrevo para milhões de espectadores. Não posso usar uma linguagem que faça o deleite de meia dúzia de intelectuais frustrados. Tenho que me comunicar com a grande massa que me assiste e me prestigia. Só a sua reação me interessa", disse ela quando *Fogo sobre terra*, uma novela que foi especialmente bombardeada pela crítica, estava no ar. "É verdade que *Fogo sobre terra* incomoda algumas pessoas. Talvez pelo seu enorme sucesso popular. Há sempre escritores frustrados que não se conformam com o sucesso alheio."

A "meia dúzia de intelectuais frustrados" via em *Fogo sobre terra* quantidades inaceitáveis de fantasia. Janete tinha a resposta pronta ao comentário: "Estou pensando no que seria de Gabriel Garcia Marquez se fosse escritor de telenovelas no Brasil. No mínimo, ele seria acusado de louco por críticos tão realistas." Embora fizesse questão de dizer que pensava só no público quando escrevia suas tramas, Janete não deixava de dar suas estocadas nos críticos quando era indagada sobre as influências que recebera como escritora. Aí, a Síndrome de Cacilda Becker a atacava de vez e ela extrapolava. Numa entrevista, em

1973, citou como principais influências Theodore Dreiser, Dostoievsky e Antônio Callado. É como se dissesse que o gênero popular era só uma opção. Suas leituras eram mais sofisticadas. Um ano depois, indagada de novo sobre influências, ela manteve o nível mas mudou o repertório: Ibsen, Pirandello e Brecht. Quatro anos mais tarde, nova indagação e novo time: Jorge Amado e Carlos Heitor Cony. O que é que aquela "meia dúzia de intelectuais frustrados" estava pensando?

O período de consagração de Janete na televisão coincide com o da ascensão da Rede Globo e o da etapa mais dura da ditadura militar – fim dos anos 60, início dos 70. O sucesso da novelista era sempre associado aos desmandos da repressão. Janete seria o braço do regime militar na TV, alienando a audiência, enquanto, fora do mundo irreal de suas tramas, o governo desmontava a luta armada, fazia a economia crescer de forma artificial e destruía a arte brasileira com a ajuda da Censura. Na televisão, o "Jornal Nacional" mostrava as tragédias no resto do mundo e o rumo ao desenvolvimento do Brasil, "uma ilha de tranqüilidade". Logo depois, entrava no ar a novela das oito. E, quase sempre, o noticiário maquiado era confundido com o universo romântico da novela de Janete. Mas não havia motivo para tanta confusão. Aliados da ditadura tinham o apoio irrestrito do poder. Janete Clair, pelo contrário, foi das artistas mais perseguidas pela Censura naquela temporada.

A incompreendida *Fogo sobre terra*, por exemplo, foi muito prejudicada pelos cortes da Polícia Federal. Exibida em 1974, falava do conflito entre os irmãos Pedro (Juca de Oliveira) e Diogo Azulão (Jardel Filho), colocados em campos opostos na trama centrada na desapropriação de Divinéia, uma cidade do interior. Pedro é contra a construção de uma barragem que iria fazer as águas de um certo rio Jurapori inundar a cidade. Diogo é o engenheiro responsável pela obra. Desde o primeiro capítulo, Janete deixa claro que Pedro Azulão é o herói da história e Diogo, o vilão. Sem a paixão que recheava qualquer discussão política ou cultural daquela época, a novela podia ser vista como uma crítica às obras do Brasil Grande com que o governo fazia seu marketing. A Censura entendeu e cortou o que pôde da novela. A crítica foi mais ingênua e só soube ver seu romantismo aparentemente fora de época.

– É preciso dizer que não tem sido fácil escrever *Fogo sobre terra*. Por vezes, o telespectador deve ter achado um capítulo sem nexo, truncado, e deve ter imaginado que enlouqueci. Não é fácil dizer a verdade. E, às vezes, ela vai ao ar mutilada por mil injunções – contou Janete numa entrevista, queixando-se veladamente da Censura.

– É uma luta de que as pessoas não tomam conhecimento. Mas um autor luta contra muitas incompreensões e nem sempre o que vai ao ar é o que ele desejaria que fosse. E dói a gente ser às vezes chamada de incoerente, quando a incoerência se deve a fatores estranhos. Em *Fogo sobre terra*, de uma só vez, eu tive que rasgar 12 capítulos. E muitas cenas saíram da minha máquina e não chegaram ao vídeo. Poucos sabem disso. E esses poucos não falam.

Mas para que aquela "meia dúzia de intelectuais frustrados" não pensasse que ela estava lhe dando uma explicação, Janete encerrava as queixas lembrando o sucesso de audiência da novela: "Isso compensa todos os dissabores e me vacina contra a hidrofobia de meia dúzia de despeitados." Pronto: à "meia dúzia de intelectuais frustrados" ela juntava agora "meia dúzia de despeitados hidrófobos". E se lesse mais uma crítica, o xingamento aumentava.

Um retrato do Brasil daqueles tempos, pelo menos do Brasil que a Censura deixava passar quando não conseguia ler nas entrelinhas, pode ser encontrado ainda na trama de *Irmãos Coragem*. A novela foi ao ar em 1970, ano em que o país ganhou a Copa do Mundo no México, a tortura ainda era encoberta nos porões dos órgãos de repressão e o general Emílio Garrastazu Médici era um presidente que mantinha um olho nos partidos clandestinos e outro nos campos de futebol. Médici não era muito diferente do principal vilão de *Irmãos Coragem*, o coronel Pedro Barros (Gilberto Martinho), poderoso latifundiário de Coroado, uma vila localizada no interior de Goiás. Em Coroado, o prefeito era cúmplice, a polícia era corrupta e o coronel era a lei. Torturava-se na delegacia local em busca de uma confissão que incriminasse a dupla de heróis do lugar: os irmãos João (Tarcísio Meira) e Jerônimo Coragem (Cláudio Cavalcanti).

Jerônimo tentava combater as injustiças do coronel seguindo as regras do jogo e entrando para a política. Mas em Coroado, como no resto do Brasil, as eleições eram de mentirinha. O coronel Pedro Barros comprava os votos dos eleitores. João era mais radical. Lutava contra o coronel de arma na mão e acabou na clandestinidade. E para implicar um pouco mais com o regime vigente, Janete criou um terceiro irmão Coragem. Era Duda (Cláudio Marzo), jogador de futebol. Ele se mudava de Coroado para o Rio de Janeiro, onde desvendava os bastidores de um esporte muito diferente daquele que a televisão vendia como o praticado pelos heróis que ergueram a Taça Jules Rimet. Quem acompanhava a saga de Duda não podia levar a sério a marchinha da "corrente pra frente" e do "pra frente Brasil" entoada num coro comandado pelo general Médici.

Esse não é o argumento de uma novelista alienante.

Irmãos Coragem chegou a ser até um trunfo para uma campanha levantada pela esquerda da época: a do voto nulo. Em novembro de 1970, o governo promoveu eleições para senador e, em alguns municípios, para a Câmara dos Vereadores. Sem uma oposição de verdade, a classe intelectual achava melhor não votar em ninguém. Resultado: quando contaram os votos, as juntas eleitorais descobriram que a população votou maciçamente em Jerônimo Coragem, o candidato fictício da novela das oito.

Tudo dá novela, sempre ensinou Janete. Por que a ditadura brasileira não daria? "Basta ter um pouquinho de habilidade na apresentação", contou ela à repórter Sônia Bondo, do jornal *O Globo*, em 1977. "E não esquecer o romantismo, porque, por mais que todos tentem negar, quem não é romântico?" Por isso mesmo, em *Irmãos Coragem*, Janete enfeitou seu arremedo da realidade brasileira com muitos romances impossíveis, filhas rejeitadas, traições conjugais, heroínas com múltiplas personalidades. Era disso que o espectador gostava e ela nunca traiu seu público. "Eu entendo muito o povo e seus problemas. Posso não morar no subúrbio, mas converso com meus empregados, com pessoas simples e humildes. Gosto de ouvir histórias. Minha cabeça funciona como um computador que registra isso tudo e enriquece meu arquivo de memória e de imaginação."

Mas a imprensa não enxergava arte no trabalho de Janete, só entretenimento barato. "Se eu vivesse de críticas, estaria desempregada", queixou-se em outra entrevista. "Há muito preconceito. Não contra mim, mas contra o gênero. Não entendo bem qual é a da intelectualidade, porque os grandes autores são meus inveterados fãs, inclusive Jorge Amado, Zélia Gattai e Antonio Houaiss."

A guerra contra a crítica e, principalmente, contra a Censura voltaria a ser travada em 1976, quando escreveu *Duas vidas*. A novela era centrada basicamente num triângulo amoroso. O médico Vitor Amadeu (Francisco Cuoco) era apaixonado por Leda Maria (Betty Faria) que, no entanto, preferia a companhia de um cantor iniciante, Dino César (Mário Gomes). O triângulo se transformava em quadrilátero quando Dino tornava-se o protegido de Cláudia (Suzana Vieira), dona de uma gravadora. Quase todos os personagens moravam numa vila do Catete prestes a ser demolida para a passagem do metrô carioca. Desta vez, nenhum personagem era inteiramente mau ou inteiramente bonzinho. O vilão de *Duas vidas* era o metrô. Começaram aí os problemas de Janete. O metrô era mais uma obra do governo federal e, como tal, não poderia ser criticado na televisão.

O trabalho de Janete ficou mais complicado ainda quando ela passou a dar destaque a uma das tramas paralelas que havia criado: o romance entre Sônia (Isabel Ribeiro), uma mulher madura já passada dos 40, e Maurício (Stepan Nercessian), um garotão boa-pinta. O diagnóstico da Censura foi implacável: além de subversiva, *Duas vidas* atentava contra a moral e os bons costumes. A novela estava no ar apenas há um mês quando, no dia 11 de janeiro de 1977, Janete escreveu uma carta a Rogério Nunes, diretor da Divisão de Censura e Diversões Públicas do Departamento de Polícia Federal. Ela tentava salvar a sua história:

"Quem lhe escreve é uma escritora perplexa e desorientada em face dos cortes que vêm sendo feitos pela Censura Federal nos últimos capítulos da novela *Duas vidas*. Perplexa e desorientada não apenas pela drástica mutilação da obra que venho realizando, como também diante do incompreensível critério que orienta a ação dos censores. De fato, dr. Rogério, não posso entender que conceitos morais ou de qualquer natureza possam determinar a proibição de um romance de amor entre um jovem e uma mulher madura, *ambos solteiros.* Posso entender, até certo ponto, que cenas supostamente eróticas sejam cortadas. Mas de modo algum posso aceitar que uma relação afetiva entre duas criaturas livres possa ser considerada, em si, atentatória a qualquer princípio de moral. No entanto, parece que é esse o critério, ou melhor, o pensamento dos censores, pois até mesmo uma cena em que 'Sônia', solitária, espera 'Maurício' para jantar (capítulo 27), foi suprimida. (...)

Não posso entender igualmente, dr. Rogério, o porquê da proibição de outra cena (capítulo 25) em que o dono de uma casa de móveis reclama contra a poeira produzida pelas obras do metrô, que lhe emporcalha os móveis e afugenta a freguesia, quando todos nós sabemos (e até nos jornais está todo o dia) dos transtornos ocasionados por essa obra pública (várias vezes afirmo isso durante a novela), apesar de tudo, necessária. Não posso entender, dr. Rogério, que critério ou que razões possam ter levado a Censura a agir de maneira drástica contra uma novela que, afinal de contas, não apela para a violência ou para o sexo, não explora adultérios, nem crimes passionais, que só pretende defender a dignidade da criatura humana, muitas vezes tão difícil de manter em nossas grandes cidades."

Janete era ingênua o bastante para acreditar que uma carta gentil e cheia de argumentos faria a Censura se tornar mais criteriosa. O esforço foi inútil. *Duas vidas* continuou sendo um trabalho frustrado e a crítica manteve-se impiedosa em relação a ele. "O sucesso deve incomodar uma meia dúzia de pessoas que, infelizmente, às vezes se manifestam de maneira injusta e cruel.

Mas é só e não dá para impedir que o Brasil inteiro veja minhas novelas", dizia ela, sempre buscando uma compensação.

As boas intenções de grande parte da obra de Janete não são suficientes para defini-la como uma intelectual de esquerda. Em família, este era o papel de seu marido. Bem que Dias Gomes tentou levá-la para o Partido Comunista. Ela chegou a freqüentar algumas reuniões, mas logo desistiu. E lhe deu um argumento irrefutável para ficar afastada das causas políticas:

– Você vive permanentemente ameaçado de ser preso. Que vai ser de nossos filhos, se eu também for? É preciso ter alguém na retaguarda.

Sobre o trabalho de Janete, Dias também não tem críticas a fazer:

– Apesar de não ter nenhum compromisso político, eu acho que ela não fez nada reacionário.

E mesmo que se procure na obra de Janete Clair as críticas à ditadura, o compromisso social, uma certa inquietação contra o comportamento estabelecido, ela só fazia sucesso porque escrevia cenas despudoradamente românticas e deixava-se levar pela fantasia. Desde os tempos das novelas de rádio, ela admitia que "só pensava no público, nas donas de casa, em atingir o agrado total das donas de casa". Nessa busca, quase sempre caía no clichê. Mas com inegável talento. E uma cena banal era transformada num suspense sem limites que não deixava o espectador desgrudar os olhos da tela de TV ou os ouvidos do aparelho de rádio.

Um capítulo de *A imagem de Rosana*, novela transmitida pela Rádio Nacional, às 16h35, no primeiro semestre de 1965, é um bom exemplo do estilo de Janete Clair. Era apenas o quarto capítulo. A trama ainda estava sendo apresentada. Numa situação comum, o par romântico vivia um impasse. Rosana estava para confessar seu passado ao namorado, Gustavo.

GUSTAVO: Rosana, eu te amo! Eu te amo, Rosana!
ROSANA: Eu sei, Gustavo, eu sei! E porque também o amo com loucura é que preciso confessar-lhe tudo!
GUSTAVO: Confessar? ... O quê?
ROSANA (*angustiada*): Tudo! Não posso continuar a mentir!
GUSTAVO: Você tem mentido ... a mim?
ROSANA: Tenho, Gustavo, tenho! Ou melhor ... tenho escondido a verdade, que é a mesma coisa.
GUSTAVO (*intranqüilo*): Rosana ... Se você tem alguma revelação importante a fazer-me, por que não vamos para casa, para que possamos conversar mais calmamente?
ROSANA: Não, Gustavo. Eu não posso ir para casa agora. Depois você compreenderá porque. E como não posso esperar mais, temos que falar aqui mesmo, na rua.
GUSTAVO: Mas por que justamente aqui, no meio da rua? Podíamos ter conversado no carro mesmo. Você me fez descer só para isso?
ROSANA: Não, eu o fiz descer porque ... porque eu trabalho aqui perto.
GUSTAVO: E que tem isso? Sua escola...
ROSANA: Não trabalho numa escola para crianças retardadas. Menti, Gustavo.
GUSTAVO: Bem... Onde você trabalha, então?
ROSANA: Aqui perto e está quase na hora de começar a trabalhar.
GUSTAVO (*surpreso*): Está quase na hora?! Como? Já é quase meia-noite!... Isso não é hora de ninguém trabalhar!
ROSANA: Compreendo o seu espanto. (*com dificuldade*) E isso torna ainda mais difícil a minha confissão. Mais cedo ou mais tarde você terá mesmo que saber ... e eu não tenho o direito de lhe ocultar por mais tempo...

GUSTAVO: Ocultar o que, Rosana?!

ROSANA: Antes de mais nada, espero que você me perdoe...

GUSTAVO: Perdoá-la de quê, se ainda não sei que falta você cometeu?

ROSANA: Espero que você compreenda a minha situação. Nós nos conhecemos faz pouco mais de um mês. Encontramo-nos naquela festa. A princípio, eu não sabia quem você era e fiquei encantada com sua pureza d'alma, sua ingenuidade... Talvez por nunca ter inspirado a ninguém um amor puro como inspirei a você. E me senti como num sonho... E me esqueci que sonhos dessa natureza estavam proibidos para mim.

GUSTAVO: Proibidos por que, Rosana? Eu não compreendo!

Gustavo não compreendia nada, mas, a esta altura, o ouvinte já tinha entendido tudo. Janete gastou três laudas – ou um terço do capítulo – para relatar o sofrimento de Rosana durante a confissão e a incapacidade de Gustavo de entender qualquer coisa. A dona de casa, que às 16h30 já estava pensando no que faria para o jantar, ficava definitivamente envolvida no drama do casal. Rosana, então, descreve a noite em que os dois se conheceram, como Gustavo a tratou bem – de uma maneira que nenhum homem jamais a tinha tratado –, como ela se deixou levar pelo sonho. Depois, conta a descoberta de que o namorado era rico. Mas aí era tarde demais para confessar a verdade. Ela já estava apaixonada.

ROSANA: Está vendo aquele letreiro luminoso, ali na esquina?

GUSTAVO: Estou ... É de um "dancing"...

ROSANA: Eu ... eu trabalho ali.

GUSTAVO (*surpreso*): No "dancing".

ROSANA: Danço como "girl", depois fico para distrair os fregueses...

GUSTAVO: Por isso, logo que passava das 11 horas, você me deixava, dizendo que precisava dormir para acordar cedo e ir para a escola...!
ROSANA: À meia-noite tenho que estar lá.
GUSTAVO (*atordoado*): Rosana, isso... isso me deixa completamente atordoado! Não que eu considere um crime trabalhar em tal lugar... mas é que... eu pressinto que não é apenas isso... Você tem mais coisas a me revelar.
ROSANA: Sim, tenho. É preciso que você saiba também que tenho uma filha.
GUSTAVO: Uma filha?
ROSANA: Tem 6 anos. Foi por causa desse erro que fui obrigada...

É bom ficar por aqui. A imaginação de Janete Clair não tem limites para descrever o passado tenebroso de Rosana e a ingenuidade inacreditável de Gustavo. Mas é isso que fazia o público deixar o rádio ligado e, impaciente com a morosidade de Rosana, acompanhar o diálogo gritando "conta logo, conta logo".

Heloísa Mafalda, atriz de muitas novelas de Janete e sua amiga particular, tentou explicar seu estilo numa entrevista aos pesquisadores do livro *A telenovela no Rio de Janeiro – 1950/1963*. "A Janete pegava o porteiro do edifício, que tinha aparecido uma vez só na trama, e o transformava no galã da novela, tudo dentro daquela verdade romântica, fantasiosa, que ela tinha. Era disso que o público gostava e gosta até hoje. A novela não é para retratar a realidade nua e crua. Isso o povo já tem. A pessoa que está em casa quer um pouquinho do sonho."

O exemplo de Heloísa Mafalda não é apenas teórico. Janete era realmente capaz de transformar um personagem secundário numa das principais atrações da história. Aconteceu, por exemplo, com *Alba Valéria*, outro de seus grandes sucessos transmitidos pela Nacional. Parte da trama era ambientada numa pensão do interior. Ali, tudo girava em torno da proprietária, seus filhos e alguns hóspedes. Havia também uma empregada – Marta – que, até o meio da novela, não tinha muito o que fazer. Entregava um copo d'água, atendia à campainha, fazia um comentário na cozinha. As falas de Marta, quase sempre, se limitavam a "boa tarde, "bom dia", "pode entrar" ou "um momento que eu vou chamar a patroa". Os ouvintes já não esperavam mais nada do personagem até o capítulo em que Janete sentiu necessidade de criar uma nova vilã. Marta, então, foi surpreendida ouvindo uma conversa atrás da porta:

FAUSTO: Marta? Que estava fazendo atrás da porta?
MARTA: Nada. Estava limpando.
FAUSTO: Mentira sua. Estava tentando ouvir o que comentávamos.
MARTA: Não me interessa a vida de vocês.
FAUSTO (*um pouco irônico*): Pensei que lhe interessasse. De qualquer modo, você não deixa de ser nossa parenta.
MARTA: Sim, sou sua parenta. Sua prima. (*irônica*) E é em consideração a esse parentesco que sua mãe me trouxe para esta casa como simples empregada.

Em apenas oito linhas, Janete deu a Marta um passado, alguns segredos e um tom de voz irônico. Ao mesmo tempo, *Alba Valéria* ganhava uma vilã inesquecível.

Inverossímil, exagerado, incoerente? Pode ser. Mas que Janete não ouvisse nenhum destes comentários. Ela virava fera. Em 1980, pouco antes da estréia de *Coração alado* na Globo, ela recebeu um repórter da revista *Veja* para uma entrevista. Janete não ficava à vontade com jornalistas da *Veja*. Sabia que a revista costumava publicar críticas negativas de suas novelas. Mas, daquela vez, quem sabe seria diferente? Deu a entrevista na sala confortável do casarão da Tabatingüera, posou para fotos à beira da piscina, achou o repórter simpático. Na semana seguinte, com a novela já no ar, as declarações de Janete foram publicadas no meio de um artigo que analisava a novela negativamente. *Coração alado* não foi mesmo um dos melhores trabalhos da autora.

Ele encerrava a parceria com Daniel Filho que tinha dirigido *Pecado capital* e *Duas vidas*, a virada de Janete em direção a um estilo mais próximo do de Dias Gomes. Na novela nova, a direção estava a cargo de uma dupla que ainda faria muito sucesso, Roberto Talma e Paulo Ubiratan, mas que errou na mão com o texto de Janete. A autora vinha de uma série de novelas ensolaradas, cariocas, com diálogos leves. *Coração alado* era depressiva, com poucas gravações externas e um texto puxado para o melodrama que não se encaixava mais no horário das oito. A sinopse, originalmente batizada de *O grande salto* (Janete nunca emplacava seus títulos originais. *Fogo sobre terra* foi escrita com o nome de *O selvagem*, *O homem perfeito* virou *Eu prometo*), já previa problemas no texto. Ao descrever a gravidez da heroína, a novelista produziu frases como "agora levava dentro de si o estigma, a marca daquela violência, estigma e marca que começava a odiar com todas as suas forças" e "o que tinha diante de si, dali em diante, agora se resumia no indesejado ser que pulsava em suas entranhas". Na TV, os diálogos não soavam muito diferente disso. E o repórter registrou tudo em seu artigo crítico.

Na segunda-feira, quando a revista estava chegando às bancas, o repórter atendeu ao telefone na redação. Não acreditou no que ouviu do outro lado da linha:

– Aqui é Janete Clair.

– Como vai?

– Mal. Por que você não me suporta?

– Isso não é verdade.

– Para escrever o que você escreveu, é porque não me suporta.

– Não é verdade, Janete. Eu só não gostei de sua novela.

– Você me traiu.

– Mas, Janete, por que você está assim? Você não precisa do que eu escrevo. Você tem o respeito de milhões de espectadores.

– Você me traiu. Você me enganou. Você veio me entrevistar sabendo que iria falar mal de mim.

– Eu não falei mal de você. Só da novela.

– Vai à merda.

Com o sonoro palavrão, o diálogo se encerrou. A crítica da revista não impediu o sucesso de *Coração alado*. O repórter nunca mais falou com Janete Clair. Mas talvez ela gostasse de saber que, 15 anos depois, ele escreveu um livro reconhecendo que suas novelas sempre foram melhores que as críticas que lhe eram feitas.

O canto do cisne

Na virada de 1979 para 1980, Janete Clair tirou férias. Ela já não era senhora absoluta da novela das 8. A Globo tinha formado uma trinca de craques que se revezavam no horário. Entre uma intriga e outra de Janete Clair, a emissora exibia histórias criadas por Gilberto Braga e Lauro César Muniz. *Pai herói* tinha acabado em agosto. *Coração alado* só seria escrita um ano depois. Entre as duas, a estação planejava colocar no ar *Os gigantes*, de Lauro César, e *Água viva*, de Gilberto. Dias também estava desocupado. Desde *Sinal de alerta*, que ele concluíra em janeiro, o horário das 10 tinha sido extinto. Por que não tirar férias? *O pagador de promessas* estava sendo exibido na Cidade do México. A idéia era conhecer a montagem e estender o passeio para percorrer o país.

Planos feitos, passagens marcadas, hotéis reservados, Janete preparava as malas do casal, na véspera do embarque, quando sentiu-se mal. "Ela teve uma hemorragia. Levei correndo ao médico", conta Dias. Um diagnóstico provisório foi seguido de uma biópsia que confirmou as suspeitas do médico. Até então, Janete não tinha um histórico muito grande de doenças. Dor nas costas, provocada por uma postura errada diante da máquina de escrever. Uma tuberculose contraída nas semanas que se seguiram à fuga de Dias nos primeiros meses do regime militar. Umas crises de fígado de vez em quando. E só. Mas agora a doença era fatal: câncer no intestino. A viagem ao México foi substituída por uma cirurgia.

"Ela nunca assumiu a doença", relata Dias. "Acho que, intimamente, sabia que estava com câncer. Mas não reconhecia. A ilusão era a melhor arma. Como a ilusão deve comandar a realização artística e não a realidade, ela também não aceitava a realidade." Para manter a ilusão que movia Janete, Dias tomou uma resolução que até hoje não foi bem aceita pelo resto da família. Ele escondeu dos filhos a gravidade da doença da mãe. "Tinha medo que, se eles soubessem, deixassem, mesmo sem querer, que Janete percebesse a verdade", justifica.

"Só vim a dizer a meus filhos no último ano, quando ela estava desenganada", continua Dias. "Isso me obrigou a representar um pouco. Combinei com os médicos um papo de polipos." Janete passou mais de três anos fazendo quimioterapia no Hospital do Câncer, mas dizia para todo mundo que tinha "uns polipos no intestino".

Até o início de 1983, Janete venceu a doença. Ela escreveu duas novelas, sem maiores problemas, com o câncer já diagnosticado: *Coração alado* e *Sétimo sentido*. Nesta última, voltou a um tema recorrente em sua obra: o duplo. Quando se dizia influenciada por Dostoievsky, certamente se referia a *Os irmãos Karamazov*. Desde seu primeiro trabalho para a televisão, ela brincou com gêmeos, sósias, troca de personalidade. *O acusador* era toda centrada no irmão que substituía seu gêmeo para investigar um assassinato. A principal trama paralela de *Irmãos Coragem* discutia a dupla personalidade de Lara/Diana. Em *Selva de pedra*, Simone volta, com uma peruca e o nome de Rosana Reis, para vingar-se do marido que tentara matá-la. *O semideus* era sobre um milionário substituído por um sósia. *Sétimo sentido* seguiu o mesmo esquema. Luana Camará, na pele de Regina Duarte, vem de Casablanca ao Brasil disposta a tirar da família Rivoredo a fortuna que lhe pertencia. Apaixona-se pelo herdeiro dos Rivoredo e, sem coragem de manter seus planos, volta ao exílio. No meio da novela, a mesma atriz reaparece como Priscila Caprice, uma personalidade mais extrovertida que, sem o envolvimento de Luana, completará a vingança.

Entre *Coração alado* e *Sétimo sentido*, Janete sofreu nova operação. Os filhos estranhavam, mas Janete os tranqüilizava. "São os polipos." Depois de *Sétimo sentido*, precisou ser internada por uns tempos. "Não é nada. Estou precisando me alimentar melhor para engordar um pouquinho", dizia.

Em 1983, o estado de saúde de Janete já era tão precário que não dava mais para esconder a doença de ninguém. Aí foi Dias quem se apegou à ilusão. "Ela tinha uma determinação tão forte que acreditei que ela não morreria", conta. Dias procurou o superintendente de operações da Globo, José Bonifácio de Oliveira Sobrinho, para que desse uma nova novela a ela. "A Janete não vai morrer", disse a Bôni. "Não vai porque não quer." Eles acertaram de ela desenvolver uma sinopse sobre um candidato a senador que tem sua campanha política ameaçada por um caso extraconjugal. Com *Eu prometo*, Janete iria relançar a novela das 10. "Mas logo depois que ela começou a escrever, teve que fazer uma operação", conta Dias. "E aí ela teve que fazer uma segunda. E depois uma terceira..."

Na primeira operação, realizada em janeiro, Janete tirou parte do intestino atingido pelo câncer. Nunca mais foi a mesma. Abatida, começou a emagrecer. Em setembro, com a estréia da novela, adquiriu novo ânimo. Em outubro, já pesava pouco mais de 30 quilos. Começou a implicar com o casarão da Tabatingüera. Sentia saudades da movimentação na casa. Ali sempre foi um lugar alegre. Havia as namoradas de Guilherme, os noivos de Denise, os ensaios de bateria de Alfredo. Mas Guilherme já tinha saído de casa há muito tempo. Já tinha até um filho, Ricardo, o primeiro neto de Janete. Denise também estava casada. Alfredo foi o último.

Não havia mais tempo para organizar as festas de *réveillon* que Janete dava todo ano. Todo mundo da Globo ia lá. Alfredo ainda guarda em vídeo os filmes em Super 8 que realizou em muitas delas. Janete com uma taça de champanha na mão – era o único dia em que se permitia beber e tomar um pilequinho –, Janete dançando o zorba com Jardel Filho, Janete dividindo uma mesa com Vera Fischer e Perry Salles. Não tinha mais saúde também para receber as amigas em intermináveis reuniões vespertinas. Os filmes de Alfredo ainda registram aquelas tardes com a mulher do Chacrinha, a mulher do Bôni, a mulher do Jardel, a mulher do Lauro César... casa cheia de amigas para ouvir música e falar sobre novelas.

A casa agora estava vazia e com escadas demais. Janete queria se mudar para um local mais ensolarado e com um piso só. No final de setembro, Dias organizou a mudança para um apartamento à beira mar, na Avenida Delfim Moreira, no Leblon. Mas ela ficou pouco tempo lá. No dia 11 de outubro, internou-se na Casa de Saúde São José, em Botafogo, para se livrar de uma obstrução no intestino. Nunca mais teve alta.

Durante este tempo todo, Janete só manteve duas obsessões: esperar o nascimento de seu segundo neto e escrever a novela. O neto foi uma menina, Renata, a primeira filha de Alfredo e da atriz Neusa Caribé. Janete a conheceu no hospital. A operação para desobstruir o intestino deveria demorar só 60 minutos, mas se prolongou por quatro horas. Três dias depois, quando ainda estava se recuperando, teve uma úlcera perfurada e precisou se operar outra vez. Quando voltava para o quarto, Janete ditava para Dias o destino de Lucas Cantomaia, o herói de *Eu prometo.* Desta maneira, foram escritos 10 capítulos da novela. Mas aí Janete teve uma septicemia, seguida de uma embolia pulmonar, depois uma complicação no fígado...

A fraqueza só não tirava de Janete a esperança de realizar mais uma viagem com Dias. Desta vez, ela queria ir à Grécia. Nos filmes em super 8 do arquivo de Alfredo, há imagens de passeios do casal por Portugal e Itália. Janete segura a câmera para registrar o marido diante da Ponte dos Suspiros, em Veneza, cenário da primeira novela dele na Globo. Depois é Dias quem filma para mostrar o passeio dela pela Praça São Marcos... Foram bons momentos. E ela não se esqueceu deles quando se dirigiu, pela terceira vez em menos de um mês, para a sala de operações da São José. "Eu vou viver, Dias. Pode ir preparando as nossas férias na Grécia." Trinta e sete dias depois de ser internada, Janete teve um derrame cerebral e entrou em coma. Às 14h30 do dia 17 de novembro, morreu, aos 58 anos. *Eu prometo* era interrompida no capítulo 60.

O que se viu a seguir nunca tinha acontecido no país. Janete foi velada no saguão do Teatro Municipal. Quando, às 11h da manhã do dia seguinte, seu corpo saiu do teatro para ser encaminhado ao cemitério São João Batista, uma multidão que lotava, em silêncio, a praça da Cinelândia, explodiu em palmas. Eram 1.500 pessoas? Duas mil? Não importa. Uma escritora brasileira estava tendo um enterro que o país se acostumou a ver apenas com cantores populares, galãs da TV, personalidades políticas. Uma escritora, que trabalhava nos bastidores, que não tinha um rosto conhecido, que vivia de texto, tinha tantos fãs quanto os atores que suas novelas ajudavam a consagrar.

Janete passou a vida inteira dizendo que só escrevia pensando no público. E o público não ia abandoná-la naquele momento. Uma multidão de tamanho parecido com a que a velou na Cinelândia estava aguardando o corpo no cemitério. Janete não ia se surpreender. O povo sempre esteve do seu lado. O surpreendente mesmo era a classe intelectual que, enfim, se rendia a seu talento. "Todo brasileiro acompanha com pesar o desaparecimento dela, um valor extraordinário da nossa cultura", disse Orlando Miranda, então diretor do Instituto Nacional de Artes Cênicas. "Era um baluarte da cultura no Brasil", fez coro o ator Hugo Carvana, no papel de diretor da Fundação das Artes do Rio de Janeiro. "A humanidade fica mais pobre quando morre uma pessoa assim", repetiu a secretária estadual de Cultura, Yara Vargas. "Janete Clair é um nome que conta na nossa linha intelectual", avaliou Gilda Mello e Souza, professora de Estética da USP.

Era tarde demais. Janete morreu sem ter, em vida, o reconhecimento intelectual que ela tanto reivindicava para seu trabalho. Mas certamente gostaria de ter sabido que, mesmo depois de morta, a televisão ainda recorre a ela quando quer conquistar o público. Três anos depois de seu enterro, alguns de seus personagens mais famosos ressurgiram às 8 da noite. Cristiano, Simone, Fernanda e Rosana Reis voltaram ao ar numa regravação de *Selva de pedra.* O sucesso foi quase tão grande como o da primeira versão. Em 1987, a Globo tomou uma de suas novelas de rádio, *A noiva das trevas*, para servir de argumento a *Direito de amar*, sucesso do horário das seis escrito por

Walter Negrão. E em 95, toda a saga dos *Irmãos Coragem* foi adaptada para os dias de hoje e regravada também para às 18h. Desta vez, a fórmula não deu certo. Suspeita-se que, na mudança de horário – originalmente foi transmitida às 8 da noite –, a novela perdeu parte do público que a tinha consagrado na primeira versão: a audiência masculina.

O baú de Janete é inesgotável. Em 1993, *El toreador*, uma das pecinhas que escreveu para o "Vesperal Trol", foi transformada em musical e montada no Teatro João Caetano, no Rio. O filho Alfredo fez as músicas, a nora Neusa adaptou o texto e estrelou a produção. Qualquer das peças infantis de Janete pode ter destino semelhante.

Pode-se considerar também que, além do acervo nos arquivos da Rádio Nacional, na Rede Globo e do material que é guardado pela família, parte da veia artística de Janete Clair permanece na segunda geração. Guilherme e Alfredo são músicos (afinal, não foi à toa que ela passou tanto tempo na discoteca da Difusora). Guilherme é um mestre no sopros, Alfredo é um craque da bateria. Denise adotou o sobrenome do avô materno, Emmer, e tornou-se escritora, já com 10 livros publicados. Quase todos são poesia, mas os mais recentes têm a forma de romance.

Muitos fãs tentam manter na memória seus ídolos já mortos pichando muros com inscrições que atestam sua existência. Virou um clichê. Às vezes, uma piada. Mas neste caso não é exagero. Nem clichê. Nem piada. Com muros pichados ou não, Janete Clair não morreu.

Dramaturgia quase completa

Em 1985, quando os direitos autorais de Janete Clair estavam sendo negociados por sua família com a Rede Globo, o tamanho de sua obra foi dimensionado. As novelas que escreveu para a Globo significariam 3.000 capítulos. As que escreveu fora da emissora – para outras estações e para o rádio – representariam 2.100 capítulos. Dois anos depois, a Globo estudava mais de 40 tramas que ela escreveu para o rádio. Mas a obra de Janete ainda inclui um romance, um roteiro para o cinema, alguns argumentos desenvolvidos por outros novelistas, teleteatros...

1948

Rumos Opostos – novela em 20 capítulos, de 15 minutos cada um, levada ao ar, três vezes por semana, na Rádio América, de São Paulo.

1950

Pausa para Meditação – dramatização de casos da vida real relatados em cartas de ouvintes, transmitida pela Rádio Tamoyo do Rio de Janeiro.

1952

Ana Karenina – adaptação do romance de Leon Tolstoi transmitida em forma de radionovela pela Rádio Clube do Rio de Janeiro.

1956 a 1969

Perdão, Meu Filho – novela em 45 capítulos sobre o destino de dois irmãos gêmeos que foram separados na maternidade e criados por famílias diferentes, transmitida pela Rádio Nacional do Rio de Janeiro. Primeira de uma série de novelas que Janete escreveu para a Nacional, inicialmente contratada pela Sidney Ross e, depois, pela agência Lintas. A ela se seguiram:

Alba Valéria, Amar até Morrer, A Canção do Fugitivo, A Canção do Rio, O Canto do Cisne, Concerto de Outono, A Deusa do Rio, Ela se Chamava Esperança, Uma Escada para o Céu, A Estrada do Pecado, Um Estranho na Terra de Ninguém, A Família Borges, A Imagem de Rosana, Inocente Pecadora, Uma Mulher contra o Mundo Inteiro, A Mulher Marcada, Noite Sem Fim, A Noiva das Trevas, Nuvem de Fogo, O Orgulho de Mara, Pérolas de Fogo, Poema de um Homem Só, Rosa Malena, O Sorriso da Imagem de Pedra, Sublime Pecadora, A Sultana do Grande Lago, A Taça do Pecado e *Vende-se um Véu de Noiva.*

1963 a 1966

Vesperal Trol – Série de nove textos teatrais de 50 minutos de duração escritos para o programa infantil de maior sucesso da época: *Pássaro ferido* (15/9/63), *O burro Joaquim* (27/9/53), *A menina dos fósforos* (29/12/63), *A vendedora de flores* (26/4/64), *O retrato de sinhazinha* (8/11/64), *A moça que veio de Marte* (7/11/65), *A sentinela de Belém* (19/12/65), *O talismã* (6/2/66) e *El toreador* (6/3/66). TV Tupi/Rio.

1964

O Acusador – novela policial de 64 capítulos ambientada no interior de Pernambuco sobre dois irmãos gêmeos em que um assume o lugar do outro. Jardel Filho interpretava o papel duplo. Também estavam no elenco Márcia de Windsor, Vera Gertel, Graça Mello, Zilka Salaberry, Suzana Negri e Átila Iório. Primeira novela de Janete exibida na televisão, foi levada ao ar três vezes por semana na TV Tupi carioca.

1967

Paixão Proibida – adaptação do sucesso radiofônico *A Família Borges*. Numa trama paralela à trajetória de Tiradentes, o amor impossível dos personagens vividos por Rosamaria Murtinho e Sérgio Cardoso. Também no elenco, Juca de Oliveira, Miriam Mehler, Lima Duarte e Lélia Abramo. TV Tupi de São Paulo.

Anastácia, a Mulher sem Destino – novela iniciada por Emiliano Queiroz e concluída por Janete, inspirada no folhetim francês *A touti negra do moinho*. Com Leila Diniz, Aracy Cardoso, Henrique Martins, Emiliano Queiroz, Neusa Amaral, Míriam Pires, Ênio Santos. Estréia de Janete na Rede Globo.

1968

Sangue e Areia – a primeira novela das oito. Inspirada no romance do espanhol Blasco Ibañez sobre a vida romântica de um toureiro, marcou a estréia do casal Tarcísio Meira e Glória Menezes na Globo. Também no elenco Teresinha Amayo, Zilka Salaberry, Arlete Salles e Amilton Fernandes. Rede Globo.

Passo dos Ventos – ambientada no Haiti, narra a luta de uma herdeira contra os vilões que tentam roubar-lhe a fortuna. Provocou polêmica ao exibir cenas do namoro interracial entre os personagens interpretados por Djenane Machado e Jorge Coutinho. Também no elenco Glória Menezes, Carlos Alberto, Teresinha Amayo, Rubens de Falco e Glauce Rocha. Rede Globo.

1969

Acorrentados – na Jamaica, o amor impossível entre um guerrilheiro e uma irmã de caridade. Com Leila Diniz, Leonardo Villar, Betty Faria e Dina Sfat. Saiu do ar antes de ser exibido o último capítulo. TV Rio.

Rosa Rebelde – adaptação do sucesso radiofônico *Rosa Malena*. Na Espanha, o amor impossível entre um oficial das tropas de Napoleão que ocupavam o país e a líder do movimento de resistência. Com Glória Menezes, Tarcísio Meira, Betty Faria, Moacyr Deriquem e Míriam Pérsia. Rede Globo.

Véu de noiva – adaptação do sucesso radiofônico *Vende-se um véu de noiva*. Mocinha não aparece na igreja no dia do casamento ao descobrir que o noivo tem um caso com sua irmã. Com Cláudio Marzo, Regina Duarte, Míriam Pérsia, Geraldo D'El Rey, Betty Faria e Darlene Glória. Primeira novela de Regina na Globo e estréia do par romântico formado por ela e Marzo. Rede Globo.

1970

Irmãos Coragem – a luta de três irmãos, numa cidade do interior de Goiás, para reaver um diamante encontrado em garimpo. A novela mais comprida de Janete, 328 capítulos. Com Tarcísio Meira, Cláudio Cavalcanti, Cláudio Marzo, Glória Menezes, Regina Duarte, Glauce Rocha, Emiliano Queiroz, Gilberto Martinho, Zilka Salaberry e Míriam Pérsia. Rede Globo.

1971
O homem que deve morrer – alegoria da vida de Cristo, em que um médico, filho de mãe solteira, volta à cidade natal, depois de 33 anos, para descobrir suas origens. Com Tarcísio Meira, Glória Menezes, Jardel Filho, Dina Sfat, Paulo José e Cláudio Cavalcanti. Rede Globo.

1972
Meu primeiro baile – especial de uma hora de duração, o primeiro produzido em cores pela Globo. Glória Menezes interpreta a personagem que, na maturidade, reencontra os rapazes que dançaram com ela em seu primeiro baile. Janete fez mais três especiais do mesmo gênero: *Número 1*, em 1973; *Natal*, em 1974; e *Férias sem volta*, em 1977. Rede Globo.

Selva de Pedra – inspirada no romance *Uma tragédia americana*, de Theodore Dreiser, a novela mostra um triângulo amoroso entre escultora humilde, jovem pobre e ambicioso e herdeira sofisticada. Com Regina Duarte, Francisco Cuoco e Dina Sfat. Reprisada em forma compacta em 1975, para cobrir o buraco deixado pela censura a *Roque Santeiro*. Rede Globo.

1973
O semideus – milionário poderoso (personagem inspirado no excêntrico Howard Hughes) enfrenta plano de criminosos que pretendem pôr um sósia em seu lugar. Tarcísio Meira interpreta papel duplo – o milionário e seu sósia – e deixa o público em suspense para saber quem é quem. Também no elenco Glória Menezes, Francisco Cuoco, Míriam Pires, Juca de Oliveira e Yoná Magalhães. Rede Globo.

Obsessão – roteiro para cinema. Prefeito de cidade do interior vinga a jovem mulher assassinada. O filme foi produzido, dirigido e estrelado por Jece Valadão. Também no elenco Vera Gimenez, Rossana Ghesa, Dionísio Azevedo, Felipe Carone, Neusa Amaral, Edson França e Maria Luiza Imperial.

1974

Fogo sobre Terra – conflito entre dois irmãos que têm interesses opostos na desapropriação de uma cidade para a construção de barragem. Com Juca de Oliveira, Jardel Filho, Regina Duarte, Dina Sfat e Neusa Amaral. Rede Globo.

1975

Bravo! – novela iniciada por Janete e concluída por Gilberto Braga. Maestro enfrenta vida amorosa complicada pela presença da imagem da primeira mulher já morta e pelos caprichos de filha adolescente mimada. Com Carlos Alberto, Aracy Balabanian, Beth Mendes, Neusa Amaral e Carlos Eduardo Dolabella. Estréia de Janete no horário das 7. Rede Globo.

1975

Pecado Capital – motorista de táxi encontra no banco de trás do carro fortuna deixada por ladrão de banco. Com Francisco Cuoco, Betty Faria, Rosamaria Murtinho, Lima Duarte e Débora Duarte. Primeira novela a cores de Janete. Rede Globo.

1976

Duas Vidas – o cotidiano das famílias de uma vila do Catete que têm suas casas desapropriadas para a construção do metrô carioca. Com Francisco Cuoco, Betty Faria,

Mário Gomes, Suzana Vieira, Christiane Torloni, Isabel Ribeiro e Stepan Nercessian. Rede Globo.

1977

O Astro – a trajetória de um astrólogo de churrascaria em busca de prestígio e fortuna. Ou "quem matou Salomão Aiala?" Com Francisco Cuoco, Dina Sfat, Tony Ramos, Elizabeth Savalla, Tereza Rachel, Edwin Luisi e Dionísio Azevedo. Rede Globo.

1979

Pai Herói – enquanto se divide entre o amor de Ana Preta e de Carina, André Cajarana tenta limpar o nome do pai manchado por Bruno Baldaracci. Com Tony Ramos, Elizabeth Savalla, Glória Menezes e Paulo Autran. Rede Globo.

1980

Coração Alado – a luta de Juca Pitanga para se impor na cidade grande como escultor. Com Tarcísio Meira, Vera Fischer, Débora Duarte, Jardel Filho, Aracy Balabanian e Walmor Chagas. Rede Globo.

1981

Jogo da Vida – argumento de Janete para novela desenvolvida por Sílvio de Abreu. Herdeira tem que cumprir várias exigências antes de botar a mão na fortuna de 1 milhão de dólares deixada por tia. Com Glória Menezes, Paulo Goulart, Maitê Proença, Cláudio Correa e Castro, Lúcia Alvez, Carlos Vereza e Gianfrancesco Guarnieri. Rede Globo.

Nenê Bonet – romance, publicado originalmente na forma de folhetim na revista Manchete. No Rio do início do século, jovem de vida não muito fácil faz tudo para vencer na vida.

1982

Sétimo Sentido – Luana Camará vem de Casablanca para reaver a fortuna da família em poder dos Rivoredo. Regina Duarte em papel duplo: Luana Camará e Priscila Capricce. Também no elenco Francisco Cuoco, Carlos Alberto Ricelli, Eva Todor, Cláudio Cavalcanti e Natália do Valle. Rede Globo.

1983

Eu Prometo – última novela de Janete, concluída por Glória Perez com orientação de Dias Gomes. Único trabalho da autora para o horário das 10. Um candidato ao Senado, de moral rígida e passado sem manchas, ameaça sua eleição ao iniciar uma relação extraconjugal. Com Francisco Cuoco, Dina Sfat, René de Vielmond, Malu Mader, Fernanda Torres, Walmor Chagas e Ney Latorraca. Rede Globo.

1986

Selva de Pedra – Regravação do sucesso de 1972, com Fernanda Torres no lugar de Regina Duarte, Tony Ramos no de Francisco Cuoco e Christiane Torloni no de Dina Sfat. Rede Globo.

1987

Direito de Amar – argumento de Janete desenvolvido por Walter Negrão. Baseada no sucesso radiofônico *A noiva das trevas*. No Rio do início do século, pai entrega a filha a agiota em troca de perdão de dívida. Inspirada em história real vivida pela vó de Dias Gomes. Com Glória Pires, Lauro Corona, Carlos Vereza, Edney Giovenazzi e Ítala Nandi. Rede Globo.

1993

El toreador – transposição para o teatro musical de peça escrita para o "Vesperal Trol". A adaptação foi feita pela nora de Janete, Neusa Caribé, e as músicas compostas por seu filho, Alfredo Dias Gomes. O sósia medroso de um toureiro audaz o substitui na arena. Com Neusa Caribé.

1995

Irmãos Coragem – Regravação do sucesso de 1970 adaptada para o horário das seis. Com Marcos Palmeira, Marcos Winter, Ilya São Paulo e Letícia Sabatella. Rede Globo.

Bibliografia

AMORIM, Edgard Ribeiro (coord.). *TV Ano 40 – 1950/1990.* Centro Cultural São Paulo.

CARVALHO, Elisabeth; KEHL, Maria Rita e RIBEIRO, Santuza Naves. *Anos 70 – Televisão.* Europa Empresa Gráfica e Editora.

Cinemania 96 – Microsoft Home.

CLARK, Walter e PRIOLLI, Gabriel. *O campeão de audiência – uma autobiografia*, 2ª ed. Editora Best-Seller, 1991.

COPELAND, Mary Ann. *Soap opera history.* The Mallard Press, 1991.

COSTA, Alcir Henrique da; SIMÕES, Inimá Ferreira e KEHL, Maria Rita. *Um país no ar – História da TV brasileira em 3 canais.* Brasiliense/Funarte, 1986.

ESQUENAZI, Rose. *No túnel do tempo – Uma memória afetiva da TV brasileira.* Artes e Ofícios Editora, 1993.

FERNANDES, Ismael. *Telenovela brasileira – Memória*, 3ª ed. Editora Brasiliense.

FILHO, Daniel. *Antes que me esqueçam.* Editora Guanabara, 1988.

GAVINA, Leonardo (depoimento e coordenação). Fundação Museu da Imagem e do Som, 1991.

KLAGSBRUNN, Marta e RESENDE, Beatriz (orgs.). *Quase catálogo 4 – A telenovela no Rio de Janeiro 1950/1963*. CIEC Escola de Comunicação UFRJ, 1991.

ORTIZ, Renato, BORELLI, Silvia Helena Simões e RAMOS, José Mário Ortiz. *Telenovela – História e produção*. Editora Brasiliense, 1989.

WAINER, Samuel. *Minha razão de viver – Memórias de um repórter*. Editora Record, 1987.

O autor

Artur Xexéo é jornalista desde 1976. Foi subsecretário de redação no *Jornal do Brasil*, onde publicava uma coluna duas vezes por semana.

Trabalhou nas redações de *Veja* e *Isto é* escrevendo sobre assuntos ligados à televisão. Atualmente é editor do Segundo Caderno do jornal *O Globo* e colunista da Revista O Globo.

Este livro foi impresso na cidade do Rio de Janeiro
em junho de 2005, pela Ediouro Gráfica.

Impresso sobre papel Chamois
Fine Dunas 75g no miolo.